臆病なサラリーマンが見つけた！

5年で資産を倍にする「ずぼら長期投資」

MATSUDA Jiro

松田二朗

朝日新聞出版

はじめに　――　資産を5年で倍増させた方法

サラリーマンの私は元々、投資に対して臆病でむしろ否定的でした。

ですが、40代後半から本格的に投資を始め、現在は、ＮＩＳＡ（少額投資非課税制度）を活用した投資信託だけでなく、アンティークコイン、ウイスキーカスクなど、いかにも怪しいと言われそうなマニアックな商品にも投資しています。

今のところ、投資結果は良好です。上がり下がりはありますが、長期的には着実に増えています。**5年で資産を倍増させることに成功し、現時点の資産はおよそ５０００万円です。当面の目標は、資産を1億円にまで増やし、富裕層の仲間入りをすることです。**

現在、私は52歳。１９７１年生まれで、国立大学の大学院を修了後、技術者としてサラリーマン生活をして25年以上になります。投資だけでなく、30代半ばから励み始めた貯蓄も続けています。

これから、投資に臆病だった私がマニアックな投資に踏み切ることになった経緯なども紹介しながら、**試行錯誤の末にたどり着いた「サラリーマンでも行いやすい投資戦略」について説明します。**

〜〜〜〜〜〜

私が投資に臆病になったのには、２つの理由が考えられます。

１つ目は、就職したての頃、天然ゴムの先物取引や不動産賃貸の勧誘電話がやたらとかかってきて、言葉巧みに勧誘されたことです。

「絶対儲《もう》かります！」「月利10％出ます！」とすぐに嘘《うそ》とわかることを言われて、すぐに切ろうとしても、10分、15分と話を続けて切る隙を与えません。

そんな話を何度も聞かされたので、投資から距離を置くようにしていました。

２つ目は、私の生い立ちです。

私は母子家庭に育ちました。小学生の頃から新聞配達をして家計の足しにしていましたが、大きなお金を工面する余裕は全くありませんでした。進学に際しては経済的支援が必要だったので、**高校１年から大学院修了までの９年間、日本育英会（現：独立行政法人**

日本学生支援機構）から奨学金を借り続け、最終的な借入総額は600万円を超えました。

奨学金はあくまでも貸与なので、返済の義務があります。

就職したての頃はただでさえ少ない給料が目減りし預貯金もできず、何も希望が持てませんでした。

奨学金という借金返済で手一杯になったとき、一瞬投資で資産を増やすことも考えたのですが、損したら人生が詰んでしまうと思って行動に移せませんでした。

万が一資産を失ってしまったら奨学金返済ができなくなり、連帯保証人である家族に督促が行き迷惑がかかります。そんなことは絶対に許されませんでした。

このような理由で私は投資に臆病になり、投資イコール悪で自分の生活を蝕《むしば》むもの、とすら考え、意識的に遠ざけていたのです。

30代半ばにようやく奨学金を完済しましたが、完済まで本当に長かった……。心底ホッとしました。しかし、奨学金を完済してふと周りを見渡すと、同僚たちはすでにマイホームを買ったり、子供を私立の学校に行かせたりしていることに気づきました。私は奨学金を返済することだけに集中していて、家族に対して何もやってあげられなかったのです。

後悔の気持ちでいっぱいになりました。

同じ辛《つら》さを子供たちに経験させてはいけないと思い、子供たちの学費は奨学金に頼らないことをマイルールとしました。経済的な負担をかけずに済むよう、国立大学の入学金と4年間の授業料として、1人300万円積み立てることを決めました。世の中どれだけきれいごとを言ってもお金が必要だと身をもって知っていたので、妥協の余地は一切ありませんでした。

2人の子供のための学費が40代半ばで目標額を超え、最低限の責務を果たしたと思えた頃から、妻と自分の将来に目を向け始めました。

長いサラリーマン生活で自分の収入の上限も見えてきて、これまで通りの預貯金だけでは将来ゆとりある生活を送るのが難しいことがわかってきたからです。

そこで、これまで臆病で見向きもせず、悪とみなしてきた投資に目を向けることにしたのです。

投資は悪いものという思い込みをなくすことが難しく、正面から向き合うのに時間がかかりましたが、いろいろ調べて投資をすることを決めてからは迷いがなくなりました。

その結果、最終的にたどり着いたのが、冒頭で書いたアンティークコインやウイスキーカスクなどです。

投資商品の詳細については後ほど説明しますが、過去の運用実績、世の中のニーズ、出口戦略など総合的に見て、自分自身が納得した上で間違いないと思った投資商品です。

投資で資産が増えるのは、まるで自分の分身が文句も言わず24時間365日働いてくれているような感覚です。預貯金だけでは限界がありましたが、今の投資姿勢を維持していけば、着実に資産が増えていき、1億円も夢ではないと確信しています。

投資をすることで、世の中の動きや、投資家・資産家の考えていること知りたいという欲求に駆られるようになりました。これまで以上に様々なことを勉強するようになり、年をとってもいろんなことを考え、新しいことにチャレンジする先駆者たちの姿勢を可能な限り真似したいと思っています。

本書では、臆病でずぼらな私がマニアックな実物資産（リアルアセット）を投資商品として選んだ理由や、商品や投資会社を選ぶ際に必要な知識や注意点などを解説します。

あくまでも私自身の経験談とそこから導き出された考え方を書いたものであり、みなさんに具体的な投資商品を推奨したり押し売りしたりするものではありませんので、その点はご承知おきください。

ウォーレン・バフェット氏、ジョージ・ソロス氏、ジム・ロジャーズ氏の3人は世界3大投資家と称されることがありますが、その中のロジャーズ氏が、著書の中で次のように書いています。

「投資をするときには、不安を解消するために、他人の意見を聞きたくなることがある。しかし、他人の意見を聞くべきではない。もちろん、私の意見も信用すべきではない」

本書を読んだ上での個々の投資判断については、ご自身でよく考えて結論を出していただければ幸いです。

2024年5月

松田二朗

臆病なサラリーマンが見つけた！ 5年で資産を倍にする「ずぼら長期投資」

―目次―

第4章

「ずぼら長期投資」の注意点と対処法

081

第5章 悪徳業者を見破る魔法の質問10選

第6章 年利10%超もねらえる「ずぼら長期投資」10選

企画協力――松尾昭仁（ネクストサービス）
カバーデザイン――山之口正和＋永井里実（OKIKATA）
カバーイラスト――アボット奥谷
本文デザイン――秋澤祐磨（朝日新聞メディアプロダクション）

第1章

ほったらかしにできる実物資産を買う「ずぼら長期投資」

絶対ルールは「値動きが激しいものを買わず、ほったらかしにできるものを買う」

私が行っている投資には、自分が経験した投資の失敗から学んだ絶対ルールがあります。失敗の詳細は後ほど紹介しますが、その**絶対ルールは「値動きが激しいものを買わず、ほったらかしにできるものを買う」**です。

値動きが激しいものの一例として個別株（単一企業の株）があります。

クルマ好きであれば自動車メーカー、電車好きであれば鉄道会社といったように、個別株を買って企業の応援をしたい気持ちもあるかもしれませんが、投資した企業の株価が大幅に下がって損失を出したら、それ以降の投資が不可能になります。それは投資からの退場を意味しますので、そのような事態は何としても避けなければなりません。

大投資家であるウォーレン・バフェット氏とジョージ・ソロス氏の共通点を分析した書籍『バフェットとソロス　勝利の投資学』（マーク・ティアー著、ダイヤモンド社、2005年）によると、バフェット氏は**「投資のルール①：決して金を失うな」「投資のルー**

ル②：ルール①を絶対に忘れるな」と言い、ソロス氏は**「まず生き残れ。儲《もう》けるのはそれからだ」**と言っています。

一方、投資の入門書として有名で、私にとってのバイブルでもある『全面改訂 第3版 ほったらかし投資術』（山崎元・水瀬ケンイチ著、朝日新書、2022年）には、「ほったらかしにできる」ことのよさが書かれています。

これは私自身が経験したことでもありますが、サラリーマンが個別株に投資をし、自分が投資している個別株の株価が大きく下がったことを勤務中に知ると、そのことが気になって仕事が手につかなくなりがちです。

サラリーマンをしながら投資をするのなら、やはり「ほったらかし」の要素は重要です。勤務中気が気でないような投資手法は避けるべきで、精神的ゆとりを持ちながら投資すること――つまり、長期保有を前提とした投資（長期投資）――を最優先すべきです。

手段1 長期的に見ると上昇傾向にある投資信託を買う

「ほったらかしながら長期保有」を実現する1つ目の手段が、投資信託です。

投資信託への投資は、ＮＩＳＡ口座を活用すれば一定額まで税金が免除されるので、節税にもなります。すでに多くの方が活用し資産形成していると思いますが、私も活用し着実に資産形成しています。

私が毎月一定額を購入しているのは、『全面改訂　第3版　ほったらかし投資術』で主な投資先としてあげられている「全世界株式（オール・カントリー）」や、アメリカの時価総額が大きい主要５００社に投資する「Ｓ＆Ｐ５００」といった投資信託です。

全世界株式もＳ＆Ｐ５００も、指標に入る企業の銘柄は定期的に入れ替えが検討され新陳代謝が行われていますので、時代時代に合わせた企業に自動的に投資していることになります。

全世界株式もＳ＆Ｐ５００も価格が上下することはあるのですが、長期的に見ると上昇傾向にありますので、ほったらかし投資に向いていると言えます。

第3章で詳説しますが、ＮＩＳＡ口座を活用し投資信託を購入する場合は、長期的に積立購入すると効果的に資産を増やせます。毎月一定額をコツコツと積立購入することで、購入単価を安く抑えられ、効果的に資産を増やすことが可能です。

手段2 将来的に値上がりが期待できる実物資産を買う

「ほったらかしながら長期保有」を実現できる選択肢は、投資信託だけではありません。

投資信託でコツコツ増やした資産を大きく増やすためには、投資信託以外で「ほったらかしながら長期保有」を実現できる「2つ目の手段」の選択が重要になります。そして、その手段としてこの本でお伝えしたいのが、私が究極のほったらかし投資だと考えている「ずぼら長期投資」です。

将来的に値上がりが期待できる実物資産を購入し、長期間ほったらかしにしておける投資のことを、私は「ずぼら長期投資」と呼んでいます。例えば、登記や管理といった手間がわずらわしく感じられる不動産投資には二の足を踏む、ずぼらな私でも実践可能な投資だからです。

私が「ずぼら長期投資」をするようになったのは、コツコツ増やした資産を大きく増やしたいという理由に加えて、長期積立で増やしたペーパーアセット（株や現金などの資産）を実物資産にも分散投資することで、リスクヘッジ（起こりうる危険を避けること）

したいと考えたからです。

ですから、ずぼら長期投資に資産を移した後も、ＮＩＳＡを活用した投資信託への投資を継続しています。こうすることで、次のずぼら長期投資への投資資金を、「ほったらかし」ながらつくることが可能だからです。

実物資産の魅力は、モノそのものが価値を持っていることです。

具体的な例として、金（ゴールド）や土地（不動産）を考えてみましょう。

金（ゴールド）は「有事の金」とも言われ、戦争などで世の中が不安定になると価格が上がります。理由は、世界的に価値が認められており、無価値にならないからです。

土地（不動産）は、住居や農地など生活の基本になる場を提供するもので、歴史上の武将たちも「どれだけの土地を持っているか」が権力に直結しました。「土地なんていらない」という人はおそらく皆無で、誰しもが価値を認める以上、無価値になることはありません。

それに比べて、個別株や現金などのペーパーアセットはどうでしょうか。大企業でも倒産すると株式は無価値になりますし、インフレになると現金も資産価値を毀損します。

インフレと言うと、最近の物価高騰はとどまることを知らず、生活必需品が軒並み値上がりしています。このような状況で現預金しか持たないことは、資産の目減りを許容しているのと同義で、リスク以外のなにものでもありません。『エブリシング・バブルの崩壊』（エミン・ユルマズ著、集英社、2022年）にも、**「インフレ時代には株や実物資産で運用すべき」**と書かれています。

私は、ここに書かれた「株」を、「投資信託」と解釈しています。投資信託は、個別株にある倒産リスクや価格下落リスクを軽減でき、流動性も高いので現金化が容易です。一方、実物資産は流動性が低く、現金化に時間と手間がかかりますが、無価値にはなりません。

そこで、**投資信託のように流動性が高い資産と、無価値にならない実物資産とをバランスよく保有してリスクヘッジするべき、というのが私の持論**です。「手段1」と「手段2」を組み合わせることがベストで、両者は補完関係にあるというのが、私が行き着いた結論です。

また、リスクヘッジするのは、通貨についても考え方は同じ、というのが私の意見です。金融機関の円建て口座にお金を預けているだけだと、円に100%投資しているのと同義ですが、日本に万が一のことがあったり、円安になったりすると通貨価値が下落します。

そのようなリスクを避けるため、私はドル、ポンド、スイスフランを定期的に購入し、通貨を分散保有することでリスクヘッジしています。

年利10%超のリターンをねらえる「ずぼら長期投資」の実例

私が個別株のように値動きの激しいものへの投資は控え、ほったらかしにできる投資信託や実物資産への投資を活用して資産形成していることは、すでにお伝えしました。

ここで気になるのは、「将来的に値上がりが期待でき、長期間ほったらかしにしておける実物資産」なんて、そう簡単に見つかるものなのだろうか、ということだと思います。

そこで、具体例として、可能な限り値動きが少なくほったらかしにできる投資商品として、私がアセットアロケーション（資産配分）に組み込んだ実物資産を２つ紹介します。「アンティークコイン」と「ウイスキーカスク」です。

実例1　「アンティークコイン」

英国王室が人気。４年で２・４倍の価格になったものも

アンティークコイン投資についてはすでにご存じの方も多いかもしれませんが、コインを購入し長期間保有することで価格上昇をねらう投資です。

アンティークコイン投資は安定的に年利10％のリターンをねらえる投資なのですが、中にはイギリスのジョージ6世の5ポンド金貨のように、4年間で価格が2・4倍になったコインもあります。

このコインは、2014年9月に9400ドルだったものが、2018年8月には2万2800ドルになりました。2024年5月時点で498万円で販売されているものもあります。

このコインがなぜこんなに高騰したのでしょうか？

私が考える理由は、映画「英国王のスピーチ」の影響です。吃音《きつおん》に悩むジョージ6世が周囲の力を借りながら克服していくストーリーで、ご存じの方も多いと思います。

もしこの考えが正しいとすると、金価格そのものやコインのデザインだけではなく、話題性でも価格が大きく変動することになります。地金の金では考えられないことが起こるのは、アンティークコインの面白さの1つだと思います。

私がアンティークコイン投資を始めたのは、貴金属に興味を持ったからです。

それまでは、株主優待ねらいで株を買ったりしたほか、投資信託や海外不動産の投資経験はあったのですが、金やプラチナのように、世界的に価値が認められ安定的に高価格で取引されている貴金属にも興味がわいてきて、調べ始めました。すでに投資をしていた知人の紹介で知り合った投資アドバイザーがアンティークコインのことを詳しく知っていたので、話を聞くことにしたのです。

初めはオンラインで話を聞き、現物を見るためにアドバイザーのところに行きました。そこでいくつかのコインを見せていただき、この1枚というコインの購入を決めました。

アンティークコインは発行枚数に限りがあるので、時間とともに枚数が減ることはあっても増えることはありません。

つまり、**コインそのものの希少性は時間とともに高まる傾向にあり、コレクターがいなくならない限りその価値が毀損することは考えにくい**のです。

これが、アンティークコインが高い利回りを期待できる理由の1つです。

量産品でないので適正価格がわかりにくいのですが、オークションが定期的に開催されていますので、どのコインがどのくらいの価格で取引されたか実績を確認できます。

適正価格でアンティークコインの売買をしたいのであれば、日本コインオークションのようにアンティークコインに詳しい専門業者が介在するオークションを活用したり、詳しい専門業者に代理で売買してもらったりするのがいいと思います（第2章のステップ4や第4章で詳細を説明します）。

前述のジョージ6世の5ポンド金貨のように、アンティークコインの魅力は見た目のデザインのよさもありますが、金属そのものの希少価値もあります。

アンティークコインは通常、金や銀でつくられますが、私は金貨がいいと思っています。

理由は2つあります。

①埋蔵量が限られている

２０２２年４月現在で採掘済みの金は約20万５２３８トンで、価値は11兆９０００億米ドルを超えます（ＷＧＣ〈World Gold Council〉の調査結果）。これまでに採掘された金の供給量は、オリンピック公式競技用プール３杯弱しかない上に、地球上に残る金の総量は７万トン前後と言われていて、プール１杯半です。

鉱山での生産によって毎年３４００トンの金が追加されており、単純計算すると残り20年ほどで地球上の金をすべて産出してしまいます。やがて金がこれ以上採掘できなくなったら、価格は今よりも上がっていくことが予想されます。

②保存が楽

銀は空気中の硫黄分と反応し硫化銀の被膜をつくり、これが黒ずみとなり変色の原因になりますので、保存方法に気を使います。金はこのようなことがないので、銀に比べて保存が楽です。

アンティークコインを国別に見ると、フランスやロシアなどもありますが、やはりイギリスの人気が高いと言えます。

特に、イギリスの造幣局であるロイヤルミントに在籍した伝説のデザイナー、ウィリアム・ワイオンの代表作である「ウナとライオン」「ゴチック・クラウン」「スリー・グレイセス」は、今でも根強い人気があります。

1839年、ヴィクトリア女王の即位を記念して発行された「ウナとライオン」ですが、2019年に復刻版として再発行されたものでも入手困難で、世界中で高値で取引されています。

右手に笏《しゃく》を持ったヴィクトリア女王がライオンを率いていますが、ライオンはイギリスの国の象徴であり、ヴィクトリア女王がイギリスを率いていく先を示していると考えられます。まさに、イギリスそのものを象徴した金貨です。

スリー・グレイセス、ゴチック・クラウンも、ウナとライオン同様に復刻版として2020年、2021年に再発行されましたが、いずれも高い人気を誇ります。

どのコインもデザイン性が素晴らしく、多くの人がその価値を認めており高値で取引されています。

実例2 「ウイスキーカスク」
蒸留所選択で年10%超の成長率も期待できる

アンティークコインの次に紹介するのは、ウイスキーカスクです。

カスクというのは樽のことで、ウイスキーの原酒が入った樽を購入し保有します。第6章で詳しく説明しますが、**蒸留所や銘柄の選択によって年利10%超のリターンをねらえます。**

世界5大ウイスキーとしてアイリッシュウイスキー、スコッチウイスキー、カナディアンウイスキー、アメリカンウイスキー、ジャパニーズウイスキーが有名ですが、中でもスコッチウイスキーへの投資が活況です。

ところで、みなさんはウイスキーを飲みますか？

私はお酒が嫌いというわけではないのですが、週末にビールを1本飲む程度で、ウイスキーに関しては、たまにバーで日本のウイスキーを飲むことはあっても、海外のウイスキーは飲んだことがありませんでした。それこそ銘柄の1つも知らないくらい疎かったのです。

そんな私がウイスキーカスク投資を知ったのは、投資アドバイザーからの紹介でした。扱っている投資商品の中にウイスキーカスクがあったのですが、自分がウイスキーを飲まないのでほとんど興味もなく、投資商品と聞いてもピンときませんでした。

その後情報収集してわかったことは、この投資は文字通りカスク（樽）に入ったウイスキーが投資対象ということです。

初めは「なぜ樽に入ったウイスキーが投資対象なのだろう？」という疑問しかわきませんでしたが、その答えは「熟成して価格が上がるから」でした。

ここで簡単にウイスキーの製造について説明します。

ウイスキーは大麦、ライ麦、トウモロコシなどを原料とし、「発芽→糖化→発酵→蒸留」という製造工程を経てアルコール濃度の高いウイスキー原酒になります。

この原酒を樽に詰め熟成することで、味わい深くおいしいウイスキーができます。

一般的には熟成期間が長いほど味わいが深くなり、価格も高くなる傾向にあります。楽天市場（2024年2月）で熟成年数とウイスキーの価格の違いを調べてみると、熟成年数が長いほど価格が高くなることがわかります。

- ボウモア12年：5000円前後
- ボウモア15年：10000円前後
- ボウモア18年：20000円前後

ウイスキーカスク投資というのは、希少価値のあるウイスキー（レアウイスキー）の入ったカスクを購入し、一定期間保有した後売却する投資商品です。

ウイスキーが熟成するのに時短はできず、ひたすら待つだけの投資なので、購入したらあとはほったらかしというシンプルな投資です。文字通り、「バイ・アンド・ホールド

(買ったらじっくり待つ)」そのものです。

この「ほったらかし」というのが私の投資魂をくすぐりましたが、きちんと投資が回収できるかどうかで悩みました。

いくら価格が上がっていくとはいえ、どのくらいの成長率が期待できるのかよくわかっていませんでしたので、英国スコッチウイスキーサプライヤー(樽管理会社)の1つであるブレバンウイスキーの年間報告書(2022 End of year Whisky Cask Market Report)で確認しました。

この報告書によると、2018年から2022年の間、ウイスキーカスクは価格が倍以上になっていますが、その他のS&P500や金などの価格は2020年後半からほぼ横ばいで、せいぜい1・5倍程度の成長です。

2018年からの4年間と言うと、コロナショックの真っただ中です。世界中が投資どころではなく、投資商品の運用成績はあまりよくありませんでしたが、ウイスキーカスクは右肩上がりの成長を見せました。これは驚異的なことです。

手間がかからず高い利回りが期待できることがわかり、自分自身が納得したのでウイス

キーカスクに投資することを決めました。

アドバイザーにカスクを探してもらい1樽購入しましたが、着実に価格が上がっていま す。初めは胡散臭《うさん》いと思っていたウイスキーカスク投資ですが、この事実を見たとき本当に購入してよかったと思いました。

スコッチウイスキーは、地域や蒸留所で成長率に違いがあります。また、実物資産なので火災や盗難などのリスクもあります。第6章で詳しく説明しますので、ぜひ参考にしてください。

「ずぼら長期投資」成功のカギを握る3つのポイント

ここで、「ずぼら長期投資」を成功させるために欠かせない3つのポイントについて説明します。

成功のカギ1 他人の言葉を鵜呑みにせず徹底的に調べること

先ほど紹介した絶対ルールである「値動きが激しいものを買わず、ほったらかしできるものを買う」に加え、もう1つ私が大切にしていることがあります。

それは**「他人が何と言おうと自分が理解・納得できないものは購入すべきではない」**です。

ジム・ロジャーズ氏も、著書『2030年お金の世界地図』(SBクリエイティブ、2024年)の中で**「知らないものに投資をしてはいけない」**と書いています。また、「はじめに」でも紹介しましたが、**「他人の意見を聞くべきではない。もちろん、私の意見も信用すべきではない」**とまで書いています。

世界3大投資家の1人であるジム・ロジャーズ氏が言うことなので、言葉に重みがありますし、私は彼が言っていることは真実であると考えています。もちろん、他人の言葉を聞いてもいいですが、それを鵜呑《うの》みにせずに、自分でも調べて納得した上で投資することが、投資成功のカギです。

例えば、ワンルームマンション投資などの不動産投資に関して、営業担当者からたびたび説明を受けたことがありますし、自分でも何度も検討したことがあります。しかし、登記や管理の手間、売却時に残債が残る可能性など、ずぼらな私にとって考えないといけない要素が多く、結論が出ないまま終わってしまうことが多かったのです。

ローンによるレバレッジ効果が大きい――つまり、少ない自己資金でより大きな物件に投資できる――ことも頭では理解しているつもりですが、奨学金返済で苦しんだ経験から借金への抵抗が強く、納得感を得られないため購入に踏み切れずにいます。

実を言うと、ウイスキーカスク投資の話を初めて聞いたとき、ワンルームマンション投資と同様に納得感を得られず、投資を一旦見送りました。当時の私はウイスキーを飲まなかったので、「誰がこんなものに投資するんだ?」と思ったのです。

しかし、その後アドバイザーから、別の投資案件の話のついでに再度ウイスキーカスクについても説明したい、と申し出がありました。せっかくの機会なので、先入観なしでフラットな気持ちで聞くように心がけたのですが、このときはなぜか興味がわいてきて、もっと知りたいと思ったのです。

初めて聞いたときには、おそらく全く聞く耳を持っていなかったのです。

ウイスキーカスクの成長率、世界の富裕層の志向、投資商品としての価値、リスクやそれを補完するための仕組みなど、飲むか飲まないかに関係なく、純粋に投資商品として評価することにしました。

その結果わかったことは、**アジアを中心に富裕層がウイスキーを購入しており、ウイスキーカスク投資は平均年利回りが10%を超えている**ということでした。需要は増えているにもかかわらず供給に限りがあるので、カスクの希少性が高くなっているのです。

世界的に見ると、富裕層は今後も増えていくことが予想され、ウイスキーをほしがる人も増えると考えました。
数が限られニーズが増えるのであれば、今後さらに高値で取引されることが期待できると考えたので、投資を決めました。自分なりに徹底的に調べて納得した上で投資に踏み切ったので、今ではウイスキーカスクに投資して本当によかったと思っています。「誰がこんなものに投資するんだ？」と思った自分を殴ってやりたいです（笑）。

納得して購入したからこそ今後の成長が楽しみですし、それまで全く飲まなかったウイスキーにも興味を持つようになりました。今では、自分が気に入って購入したウイスキーを嗜《たしな》むことが毎日の楽しみになっています。
ウイスキーは地域や銘柄によって匂いや味が全く違うので、本当に奥が深いものだと思います。自分が一生続けられる趣味が1つ増えたと思っており、気持ちにゆとりができたことが何よりもうれしいです。

納得して購入したという点では、アンティークコインも同様です。鑑定結果、成長率、出口戦略、リスクなどを徹底的に調べた後、アドバイザーとの対面の打ち合わせで現物を確認し、納得した上で購入に踏み切りました。

アドバイザーに複数のコインを準備していただいた上で、家族とともに「この1枚」を決めたので後悔することはないと思っています。

どの投資商品でも、他人からすすめられたから決めるのではなく、自分自身が納得するまで調べた上で購入を決めることが重要だと思います。

ジム・ロジャーズ氏の「他人の意見を聞くべきではない」が本質だと思います。

成功のカギ2 利回りの高低だけで判断しないこと

ところで、年利10%をねらえる商品があるという話を読んで、どう思われたでしょうか。おそらく、「年利10%なんて、そんなの怪しいよ」と感じた方も少なくないのではないかと思います。

私自身も以前は「年利10%の投資なんてありえない」と思っていたので、怪しいと思う気持ちは理解できます。

私が怪しいと思っていた理由は、多くの投資詐欺事案が年利10%以上（場合によっては月利10%以上）の高利回りを謳《うた》うことが多かったからです。

高利回りを謳う詐欺事案の1つに、ポンジスキームがあります。ポンジスキームは、昔アメリカで天才詐欺師として実在したチャールズ・ポンジが名前の由来で、実際には運用しないのに高配当を約束し資金を集め、預かった資金の一部を配当金として支払うもので、典型的な詐欺行為です。

ポンジスキームには、次のような特徴があります。

❶高利回りを謳う
❷元本保証を謳う
❸新規会員獲得に報酬がある

特に❷と❸は要注意です。

第6章でも触れますが、銀行預金ですらペイオフがあり、1000万円（プラス利息）までしか元本保証されませんので、預金額によっては元本保証されません。なのに、なぜ高利回りの投資商品が元本保証できるのか疑わないといけません。

高利回りで元本保証、会員獲得に報酬という3つがそろっているものには、手を出さな

いのが無難だと思います。

ただし、**年利10％イコール「怪しい」と判断し、よく調べないのはもったいない**と、私は思います。

例えば、私が投資判断をする際に参考にしているデータの1つでもありますが、「ナイトフランク」というイギリスの会社が公表している調査レポートがあります。この会社は世界的な不動産総合コンサルティング会社ですが、不動産以外にも、ワイン、腕時計、コイン、レアウイスキーなどの実物資産に投資した場合の価格上昇率（成長率）の追跡調査を行っており、「ナイトフランク・ラグジュアリー投資指数（ＫＦＬＩＩ：Knight Frank Luxury Investment Index）」として公表しています。

そのレポート（２０２１年の第４四半期）によると、２０２１年12月末までの1年間における それぞれの平均価格の上昇率は「ワイン：16％」「腕時計：16％」「コイン：９％」「レアウイスキー：９％」となっています。年によって多少変動はあるものの、年利10％が法外に高いわけではないことが理解できます。

では、なぜこのような高い利回りを出せるのでしょうか？　私が考える答えは、世界の人口増加と経済成長です。

日本は少子高齢化で人口減少していますが、世界に目を向けると今後人口が増えていくと予想されています。人口が多くなると住宅やインフラの整備、食料の安定的供給、より豊かな生活へのシフトといったニーズが発生し、経済成長する要素が次々と生まれます。

このようなニーズに合った商品に適切に投資を行うことで、高い利回りを得る可能性が高くなります。

ナイトフランクの別のレポートによると、シンガポールの富裕層の間で芸術品、腕時計、ワインといった実物資産が人気で、富裕層の高級志向が実物資産の価格を引き上げ、高い成長率につながっています。

世界は経済成長しており、富裕層や投資家も増えていきます。それに伴い実物資産の価格が上がっていく可能性が高いと、私は考えています。

最も損なのは、年利10%の商品はすべて怪しいと考え、投資先として選択肢に入れないことです。

世界に目を向けると多数の投資商品が存在しますので、まずはどんな商品があるかを知ることが大事です。一度調べて判断し、不要であれば選択肢から外せばいいのです。

成功のカギ3 想定問答を準備し専門業者を選ぶこと

ここまでの説明の中にも、すでに「投資アドバイザー」という表現が何度か出てきました。**そのような専門業者の力を上手に借りるというのは、ずぼら長期投資を成功させる上で欠かせない要素になってきます。**

専門業者が行う業務は、主なものをあげると次のようになります。

①顧客の資産状況の確認を行う
②顧客の資産状況と投資志向（どのような投資商品を好むか）に合わせたアセットアロケーションの作成・提案を行う
③商品の紹介・提案を行う
④購入手続きをサポートする
⑤売却時のサポートを行う

これらのうちどの業務を行うかは、専門業者が保有している資格や経営方針に応じて様々ですが、最初に私が知人に紹介してもらった投資アドバイザーにお願いしたのは、①と②でした。

私は自分が何に投資をすべきかわかっていなかったので、まずはアセットアロケーションが必要だと考えました。

そこで専門業者に作成を依頼しようと思ったのですが、正確なアセットアロケーション作成のためとは言え、臆病だった私はあまり親しくない相手に個人情報を出すことに抵抗がありました。また、何を基準に最終的な投資判断を下せばいいのか軸がなく、言われるままにサインしないか不安でした。

そこで考えたのが、想定問答を準備し専門業者を選ぶ方法です。

専門業者にいくつかの質問を投げかけて、返ってきた回答が自分の許容範囲にあるかどうかを判断することで、意思決定の際の迷いをなくすことができました。

この想定問答はとても重要ですので、具体的な質問と模範解答を、第5章で細かく説明します。

想定問答以外にも、判断材料はあります。例えば「この商品、絶対儲かりますからおすすめですよ」などと話してくる専門業者もいるかもしれません。**私は、聞いてもいないのに様々な商品やリターンを積極的に説明したり、頻繁に連絡してきたりする専門業者とは距離を置きます。理由は、私が絶対に儲からないからです。**

世界的に有名なファンドであるブリッジウォーター・アソシエイツは、運用資産が1300億ドル以上と言われており、創始者であるレイ・ダリオ氏は、情報収集や分析・研究のために、年間数千億円以上を投じていると公言しています。

レイ・ダリオ氏が証明しているように、情報はお金を払って買うものであり、向こうから勝手にやってくるものではありません。タダで向こうからやってくる情報は、ほぼ100%損をする商品情報なので、私は絶対に手を出しません。

初めのうちは、こちらから質問しないと話してくれないくらいの専門業者の方が、商品選定がしやすいと思います。信頼関係が構築できるまではQ&A方式で回答していただくようにして、後々お互いに信頼関係ができてきたら、様々な情報を積極的に伝えてもらってもいいのではないかと思います。

想定問答で業者選定するためには、専門業者にコンタクトをとる前にある程度の予備知識を持っておく必要があるので、事前に勉強しておくことが重要です。

その方法を含めて、ずぼら長期投資を始めるためのステップについて、次章で説明します。

第2章

「ずぼら長期投資」を始める6つのステップ

ステップ1

数ある投資商品に関する情報収集を行う

ずぼら長期投資するにあたり、どのようなステップを踏めばいいのかについて、私が経験したことをベースに説明します。

投資商品についての詳細は第6章で説明しますが、もちろん世の中にはこれ以外にもたくさんの投資商品がありますので、必要に応じて投資商品の情報取集を行うのがいいと思います。

実際の投資先を選ぶときは、次のような情報をもとに総合的に判断する必要がありますので、これらの情報をできるだけ収集します。

なお、③の投資志向については、ステップ3のほか、第3章でも解説しています。

①投資商品の特徴と過去の実績
②リターンとリスクは明確か
③自分の投資志向に合っているか

情報収集については、インターネット、本、クチコミ、セミナー、知人からの情報など様々な方法を活用します。その理由は、複数の経路から情報収集することで、情報が偏らないようにするためです。

どの方法にも一長一短があり、またどの商品も売る側はいいことしか言いませんので、複数の視点で商品選定し、情報の偏りをなくすのがねらいです。

それぞれの方法について、私がどのように活用したかを説明します。

●インターネット

投資商品について何も情報を持っていないとき、投資商品名を使って検索し情報を取り込む際に活用します。

聞きかじった言葉や、テレビ、ラジオ、本の片隅などにあったキーワードを検索にかけてみて、商品や投資方法などの情報を可能な限り集めます。この時点では1つ1つの情報が正しいか正しくないかわかりませんが、まずは全体像をつかむために情報取得を行います。

●本

投資商品をネット検索する際は、併せて投資商品について書かれた本も検索します。本の情報を取得したら、可能な限りリアル書店に足を運び購入します。

リアル書店のよさは、自分が探したい本以外にもいろんな本が目に入り、それをついでに買えることです。どんな本が売れているかを肌で感じることができ、様々な本に出合える可能性があります。

本に関しては、迷ったら買うが、私の鉄則です。

●クチコミ

ネット検索をしていると、クチコミ情報を目にすることがありますが、これも貴重な情報源として使っています。Ａｍａｚｏｎでクチコミを確認し、リアル書店に購入しに行くというのが基本的な行動パターンです。

クチコミは大雑把な本の内容を把握するために使っていて、低評価のレビューはあまり気にしません。経験上、いい本ほど悪いレビューがついているケースが多いので、低評価のレビューがある程度ついていれば、私は購入します。

●セミナー

著者や証券会社などのセミナーを受けたり、展示会で情報収集したりします。

私は、購入した本の著者の会社に連絡を入れ、商品紹介を依頼したり、実物資産を見せていただいたりしたことがありますが、予備知識がない状態でいきなりセミナーや展示会に行くと、不要な商品紹介をされる可能性もあります。ですから、できるだけ予備知識をつけた上で、ある程度理論武装できるようにしてから行動しています。

●知人からの情報

私の場合、投資経験があって、投資に大いに興味があり、さらに信頼できる知人が身近にいたので、お互いに持っている情報を出し合い、いいと思った商品については徹底的に調査し、商品購入に至ったものもあります。

お互いの投資志向は必ずしも同じではなかったのですが、投資で安定的に資産を増やしたいという思いが同じだったので、お互いの投資商品の話を冷静に聞いて分析することができました。

私の場合はありませんでしたが、あまりにも投資志向が合わない人と話をすると険悪な雰囲気になるかもしれません。そのため、もし難しそうだったら、それ以上話をしないのが無難だと思います。ステップ5で詳細を説明しますので、そちらも参考にしてください。

ステップ2
投資可能金額と投資期間を決める

投資商品の情報が集まったら、「どのくらいの金額を投資に回せるか」を確認します。

投資に回すお金は生活費を除いた余剰資金とし、生活に必要なお金は、銀行の普通預金などすぐに現金化できるところに保管しておくべきです。

生活に必要な金額は人によって異なりますが、私の場合は、食費、光熱費、住居費など普段の生活費に、プラスアルファで200万円を目安に、いつでも現金化できるようにしています。プラスアルファの理由は以下です。

- 失業しても半年程度生活できる
- 大きな病気やケガなどで入院し、急にお金が必要になっても対応できる
- 家電製品などの生活必需品が突然壊れても購入を迷わないで済む

私はクルマを持っていないのですが、クルマを持っている方の場合は突発的に故障することもありえますし、税金や車検などの大きな出費もありますので、もう少し余剰資金を持つのがいいかもしれません。

投資は生活費を削ってまで行うものではありませんので、日常生活の資金を確保しつつ、あくまでも余剰資金を活用するのがいいと思います。

投資期間ですが、進学、成人、結婚、などの大きなイベントのタイミングで投資資金を回収したいと考えるのであれば、これらのイベントの時期から逆算して、どの程度の期間投資できるかを考えてもいいと思います。

一方で、投資期間を明確にせずに、長く持ち続けることも1つの選択肢です。『バフェットからの手紙　第5版』（ローレンス・A・カニンガム著、パンローリング、2021年）によると、バフェット氏は「喜んで10年間株を持ち続ける気持ちがないのなら、たった10分でも株を持とうなどと考えるべきですらないのです」と話しています。

私は、投資の際、10年とは言わず、15年でも20年でも気長に待てるように考えています。それくらいゆとりのある投資計画を立てておけば、慌てて現金化する必要に駆られることもなく、長期的に資産が増えていくことを実感できると思います。

ステップ3

自分の投資志向と投資金額に見合った投資商品を選定する

情報収集と投資に回せる自己資金が決まったら、いよいよ商品選定です。

ステップ1で説明した通り、**商品の特徴と過去の実績、リターンとリスク、投資志向などを総合的に判断し、自己資金で購入可能であるものを選定します。**

まず、自分の投資志向に合っているかについてですが、私の場合はローンを組まずに投資できるかどうかが判断材料です。

人によっては、低リターンでいいからとにかくリスクの小さいものがいい方、あるいは、商品そのものは何でもいいから高いリターンが得られるものがいいという方など、様々だと思います。

何を自分の最優先にするのか、何が絶対に許容できないのかをしっかり決めておくと、商品選定の際に軸がぶれません。

投資金額については、ステップ2で説明したように、生活資金プラス200万円ほどを確保し、残りを投資可能金額と設定しました。

投資のために生活を犠牲にするのは健全ではないですし、あくまでも「趣味」だと考えて、余力のある範囲でやることで気持ちを楽に保てます。

投資によりリターンを得るには、ある程度の時間が必要になりますので、長い間投資していても、手がかからずほったらかせる商品がいいと思います。

私が実践しているのは5～10年以上保有し続けることを想定した長期投資ですが、長期と言っても、人によって3年という方もいらっしゃるでしょうし、20年という方もいるでしょう。

自分の時間軸に合った投資商品を選び、その間解約しない気持ちでいるのがいいと思います。

また、**人からすすめられたから何となく決めたではなく、金額的に許容できた上で、自分がほしいと思い納得したものを選定するべきです。**

自分がほしいと思ったものであれば愛着もわきますので、多少の価格変動に一喜一憂せず長期保有が可能になります。

前出のジム・ロジャーズ氏だけでなく、『資産1億円を築く教科書 お金持ち入門』（実業之日本社、2015年）の著者の土井英司氏など、多くの投資家が**「成功する人は、自分がよく知らないものには投資しない」**と言っています。

ですから、成功したいのであれば、人からすすめられたままに買わず、自分が理解できたものに投資するべきだと思います。

ステップ4

投資商品を扱っている複数の専門業者から商品情報を取得する

商品購入を決めたら、どこから購入するかを決めます。

商品にもよりますが、実物資産の場合、実店舗だけではなく、通販、ネットオークションなど、いろいろな方法で購入可能です。ただ、適正価格がいくらなのかは必ずしもわかるとは限りません。

例えばアンティークコインは、ネットで調べるだけでも複数の専門業者や投資アドバイザーが検索できますが、似たようなコインの価格が大きく異なると、その価格が適正かどうかを判断するのは困難です。

ある程度客観的に見極めるとすれば、過去のオークションの結果を見てみるのがいいと思います。

例えば、次のウェブサイトで過去のオークション履歴を見て、コインの落札価格を調べてみると、どのくらいの価格で取引されたかがわかります。

- 「Ｎｉｈｏｎ Ｃｏｉｎ Ａｕｃｔｉｏｎ」 https://www.ncanet.co.jp
- 「泰星オークション」 https://www.taiseicoins.com/auction/
- 「オークション・ワールド」 https://www.auction-world.co

できることならば、同一デザイン、サイズ、グレードのコインの情報を集めて比較したいのですが、量産品と違い比較できるほどの情報を集めるのは難しいかもしれません。

しかし、**オークションでどのようなコインがどのくらいの価格で売買されたかを見るだけでも相場感がつかめますので、まずは過去のオークション情報から売買価格を調べてみるのがいいと思います。**

専門的な意見がほしいのであれば、後述しますが、ＩＡＰＮ（国際貨幣専門協会）のメンバーである専門業者に聞くのがいいと思います。

この協会は、コイン、メダルなどのコレクションに関する専門知識を多く持っている方々がメンバーになっており、客観的な意見を聞ける可能性が高いです。

また、投資についての展示会に行くのもいいと思います。
例えば、「資産運用EXPO」という展示会がありますが、不動産をはじめ、宝石、ウイスキーカスクなど、あらゆる投資商品を扱う専門業者が集結し、商品紹介をしています。

- 「資産運用 EXPO」 https://www.am-expo.jp/hub/ja-jp.html

ただし、出展している専門業者を100%信用できるかどうかはわかりませんので、あくまでも情報収集という観点で見るといいと思います。

展示会に出展する企業も高額な参加費を払って出展していますので、それをどうやって回収するかを考えます。ほしくもないのに買って後悔しないように、簡単に契約せずにゆっくり吟味した方がいいです。

株や投資信託などペーパーアセットの場合は、取り扱う証券会社や銀行によって購入時手数料、運用管理費用、売買時の委託手数料などが異なるので、手数料を一覧表にして比較し絞っていくのも1つの方法です。

手数料が他社と比較して極端に高い場合は、その理由を聞いてみるといいと思います。

ステップ5
自分の周りで投資をしている知人がいないか探してみる

いざ投資を決めても、もし損をしたらどうしよう、騙《だま》されていたらどうしよう、と悩みの種はつきません。そこで、自分の周りに投資をしている知人がいないか探してみましょう。ステップ1にも書きましたが、信用できる人がすでに投資していれば、商品情報だけでなく、様々な専門業者や投資アドバイザーの情報も得られるので心強いです。

私は知人が先に投資をしており、その結果を聞き、総合的に専門業者と投資商品を選定しました。

投資金額が100万円と、投資初心者の私にとっては高額でしたが、専門業者や投資商品の実績を徹底的に調べましたし、先に投資している知人がいたので、大きな不安はありませんでした。

手持ち資金を一気に投資するのではなく、時期をずらしながら海外不動産、アンティークコイン、ウイスキーカスクと保有商品を増やしていました。投資先と投資時期をずらすことで、リスクヘッジできると考えたからです。

自分の周りで投資している人が見つからないときは、ステップ1で説明したように本、ネット、セミナーなどを活用し、専門業者や投資アドバイザーを見つけて相談するのもいいと思います。

専門業者や投資アドバイザーも様々な意見や得意分野を持っていますので、即決せずに複数から意見を聞いて、自分なりに理解することが重要です。

インターネットを活用する際の注意点ですが、個人情報を出したが最後、勧誘のメールや電話がしつこい悪徳業者もいます。ですので、信用できるまでは、自分の個人情報を極力出さない方がいいと思います。

実は私自身がしつこい勧誘電話に悩まされたことがあったので、それ以降、金融取引に関する免許を持っているかどうかを確認するなど、信頼できる会社かどうかを調べてから連絡するようにしています。

迂闊《うかつ》に個人情報を出すのは無防備極まりないですので、みなさんも気をつけてください。

なお、第5章で悪徳業者を見破るための質問事項をご紹介しますので、そちらを参考にしてください。

ステップ6
専門業者と実際に話をして投資するかどうかを決める

投資商品と専門業者が決まったら、いよいよ具体的な話をする段階になります。

私は、最初のやり取りはＺｏｏｍで行い、２回目以降に直接会って購入を検討するのがいいと思います。

なぜなら、専門業者と直接会うためいきなりオフィスに行くと、大勢に囲まれて圧倒されたり、しつこく購入を迫られたりすることも可能性としてありえるからです。

初めの面談をＺｏｏｍでやっても、購入を迫られる不安があるのなら、知人に同席してもらうのもいいと思います。

知人と言っても別に投資に詳しい必要はなく、自分側の人間を少し増やしておくだけで十分です。専門業者にとっても、相手が１人よりも大人数の方が緊張感を持つと思いますので、それだけでも効果的です。

私も１人で対峙《たいじ》するのが不安だったので、知人にＺｏｏｍに入ってもらい一緒に話を聞いてもらいました。

初回のZoom面談が終わり、投資に気持ちが傾いたら、2回目以降は家族以外の人を入れずに臨むのがいいと思います。

理由は、購入の判断に他人の意見が入ると、本当はほしくないのに買ってしまうことや、逆にほしいと思っていたのに購入しないことがありえるからです。

投資は自己責任であり、最終決断は自分や自分たち家族だけで行わなければなりません。このためにも、自分自身と家族だけで臨むべきです。

私は実際にステップ1からステップ6を行い、トラブルなく投資を成功させることができました。

ただ、あくまでも私の体験談であり、これが絶対ではありませんので、参考にしていただきながら自分なりの方法を見つけていただくのがいいと思います。

第3章

臆病でもほったらかし力があれば「ずぼら長期投資」向きだと思う理由

投資に不向きだと確信した私の失敗

すでに説明した通り、自分の投資志向を知った上で投資判断することがとても重要なのですが、実際には投資経験を積んでみて初めて自分の投資志向に気づくこともあります。

そこで、この章では、私が「ずぼら長期投資」にたどり着いた経緯を紹介しますので、ご自身の投資志向を見つける際の参考にしてください。

まず、私の投資志向には、「投資に臆病だった」という性格が強く影響していると思います。

臆病になった理由は、勧誘電話や自分の生い立ちにあるのですが、第1章で説明したように、実際に投資に手を出し失敗したことも大きく影響しています。個別株への投資で、しかも二度も大きな損失を出して以来、完全に腰が引けてしまったのです。

この失敗ついて詳しく説明します。

失敗その1　持株会の株が東日本大震災以降急落し解約　持ち続けていれば7倍に

私が以前勤めていた会社には、従業員持株会（以下、持株会）がありました。

持株会は従業員から会員を募り、毎月の給与からの拠出金を原資として自社株を共同購入し、拠出金額に応じて持ち分を配分する制度です。

毎月自動で引き落としてくれるので、自分が意識しなくても株式の形で貯蓄が増えていくことがメリットです。さらに、10％前後の奨励金（会社が上乗せする出資金）を出してくれるのもいい点です。


私は元々、持株会に対して否定的でした。

というのも、会社に万が一のことがあった場合、職と同時に保有資産も失ってしまう可能性があり、リスクヘッジができないからです。

でも、周囲でやっている人も増え始め、持株会をやっているような大きな会社であれば万が一のことも起きにくいだろうと安易に考え、購入を決意しました。

出資額は、奨励金と合わせて月々1万1000円でした。

数年は株価も順調に推移し、「当初は否定的だったけれど、持株会をやってよかった」と思い始めたとき、東日本大震災という未曽有の災害が発生しました。直後は株価に変化がなかったのですが、その年の8月くらいから少しずつ下がっていきました。

大災害があったとは言え、株価が下がった時期が震災のタイミングと合致しておらず、なぜ下がったのか直接的な理由がわからず焦りましたが、奨励金ももらっているし、それほど損することはないだろう、と高をくくっていました。

しかし、その後の値動きは決して楽観視できるものではありませんでした。

２０１１年の初めには３０００円だった株価が、２０１１年終わりに１８００円、２０１２年には１２７０円まで下がったのです。

わずか1年で株価が半値以下まで下がり、10％の奨励金では損失がカバーできず慌てて売却しました。もちろん大きな損失を出しましたが、まだ下がるのではという不安が大きくなり、いわゆる「狼狽《ろうばい》売り」をしたのです。

この頃は会社業績も思わしくなく、昇給もなく、残業規制もかかっていました。持株会でも損を出してしまい、リスクヘッジできないと思っていたことが現実になったのです。後悔の気持ちしかありませんでした。

ちなみに、その会社の株価ですが、2023年9月の時点で8000円を超えています。1270円の頃慌てて売らずに持ち続けていれば、10年で約7倍になっていた計算です。「後悔先に立たず」です。

株は上がるときもあるし、下がるときもあります。**どっしり構えることが大切なのでしょうが、臆病なせいで日々の値動きに一喜一憂してしまう自分には向かない投資なのかな、と思い始めていました。**

それでも株以外に投資先を知らなかった私は、今回はたまたま選んだ銘柄が悪かっただけで、別の銘柄を買えば利益を出せると自分に言い聞かせていました。

失敗その2　突然の株価下落で慌てて売却し50万円の損

私の投資の失敗は、前節で紹介した持株会だけではありません。

次に紹介するのは、株価が下がり続けたことに慌てて売りを行ってしまい、50万円の損失を出した経験です。「バイ・アンド・ホールド」ができなかった典型例です。

持株会で購入した株が下落したことに耐えられず売却した後、大きく毀損《きそん》した元本で次の投資先を検討していた私は、前回リスクヘッジできなかった反省に基づき、自分の業務とは無関係で業績が安定している鉄道会社の株を購入することにしました。

その鉄道会社の場合、株を持つことで株主優待券（乗車券）をもらえるので、配当以外の楽しみもあり購入を決めました。

100万円ほど出資したので、かなりの数の優待券を受け取ることができ、半年に一度の配当とともに大きな楽しみでした。優待券を使わない場合は、金券ショップで売却もできるので現金化も可能です。

株価もしばらくは堅調に推移していたのですが、ある日を境に1、2週間程度かけて段階的に下がっていき、それまで1株400円程度だったものが、2週間後には250円まで下がっていました。

その後も少しずつ下がっていき、半年後には200円程度と半値に下がってしまいました。資産価値が半分になったので、心の中で「おいおい、一体何が起こってるんだよ……」と思い、思考停止状態になっていました。

持株会のときのように大きな自然災害があったわけでもなく、鉄道会社の不祥事といったニュースもないのに、「なぜ株価が下がっていったのか」が理解できませんでした。毎日会社に行っても仕事が手につかず、休憩時間に株価をチェックしては落胆する日々が続きました。心臓が常時バクバクしていて、心ここにあらずという状態が続きました。

結局、資産価値が半分になり、戻る気配が全くなかったので、持株会のときと同じように狼狽売りしてしまいました。

また失敗してしまい、自分を恥じることしかできませんでした。家族にも内緒にしていたので、家での居心地も悪かったことを覚えています。

株式投資成功の秘訣は投資先企業の選定だと思っていたのですが、投資先を変えてもこの結果で、どうしたらうまくいくのかアイデアがなく、「投資先を変えても同じじゃないか！」と憤慨した記憶があります。

狼狽売りで2回も失敗し、自分は投資に向かないと確信しました。臆病な自分は常に株価が気になって仕方なく、「自分は投資に向かない」と言い聞かせて、納得する以外に選択肢がありませんでした。

失敗から学んだ「テールイベントの重要性」
個別株で利益を出し続けるのは困難

持株会、電鉄株の2度の失敗以来、個別株を買うことはやめました。もう株は懲り懲りでした。

個別株投資で大きな損失を出しましたが、投資先企業には一切責任はありません。すべて自己責任だとわかっていても、悔しい気持ちでいっぱいでした。

なぜ二度も同じ轍《てつ》を踏んだのか？　本当に自分は投資に向かないのか？　これを明確にしないと、また同じ失敗を繰り返します。藁《わら》をもつかむ思いで、いろいろな本を納得するまで読み漁《あさ》りました。

その結果、たどり着いたのが『サイコロジー・オブ・マネー』(モーガン・ハウセル著、ダイヤモンド社、2021年)でした。この中にある「テールイベントの絶大な力」という章を読んで、私は投資のことが何もわかっていなかったと理解できたのです。

テールイベントとは、「発生する確率は低いが、影響力が大きい事象」のことです。

J・P・モルガン・アセット・マネジメントが1980年から2014年までの「ラッ

セル3000インデックス」(アメリカの大規模で広範な株式公開企業群の株価指数)を分析し公開していますが、構成銘柄の4割が70%値下がりして回復せず、全体のわずか7%がこのインデックスのほとんどのリターンを生み出していることがわかりました。4割以上が足を引っ張る中、7%という発生確率が低い事象が全体に大きな影響を与えている事例です。

ラッセル3000インデックスに選ばれるためには、一定の成功を収めないといけないのですが、そのような企業でさえ、4割が値下がりを経験するのです。テクノロジー系や通信系の企業に至っては、その半分以上が株価の大半を失っています。

テールイベントについてもう1つ、前出の「S&P500」についても説明します。アップル、アマゾンなど有名な企業がこの指数に組み込まれていますが、実は構成される企業の約1%である5社で全体のリターンの3分の1を稼いでおり、他の大多数の企業は残りの3分の2にしか寄与していません。これもわずか5社が全体に大きな影響を与えている事例です。

多くの優良企業を集めてもその中のごく一部しかリターンを出せないのに、1、2社選

んで定常的にリターンを出してもらおうとしていた私の考えが根本的に間違っていたと、このとき初めて気づいたのです。

テールイベントの重要性に気づいたことで、過去の失敗の原因を自分なりに突き止めることができ、投資計画を冷静に見直すことができました。個別株は避けてS&P500などの指数連動型の投資信託を買うことで、テールイベントによる恩恵を受けることが可能になると確信したと同時に、個別株への投資をやめた自分の判断が正しかったと納得できました。

個別株投資については、『JUST KEEP BUYING』（ニック・マジューリ著、ダイヤモンド社、2023年）に**「個別株は買うな　個人投資家を焼き尽くす投資哲学」**という章があります。

この本の著者がそれまでやっていた個別株投資をやめた理由は、従来の主張である「個別株投資はインデックス投資に勝てない」が正しいと思ったからでした。

同著によると、長期的に成功し続ける個別銘柄はごくわずかしかなく、1926年から2016年にかけて米短期国債を上回るリターンを生み出したのは、実質的にわずか4%だったのです。

これは25社購入し1社当たる程度の確率ですので、私が購入した2社の株式での失敗は当然と言えば当然です。そもそも25社の株を買えるほど資金に余裕もなかったですし、確率が25分の1の賭けに自分の貴重な資金を投資できるかと言われたら、それは無理な話です。

今はテールイベントの重要性を知っているので、2社がダメだったところで必然だと思えますが、失敗した当時は何も知らず自分は投資に向かないと決めつけ、それ以降投資に臆病になってしまったのです。

今考えれば単に不勉強だっただけなのですが、当時は完全に負け犬でした。

個別株で利益を出し続けることが、自分だけではなく、誰にとっても困難だということを学べたのは有意義であり、それまでの失敗を許容することができたのです。

臆病でも大丈夫。「ほったらかし力」だけで年利10％をねらおう

持株会、電鉄株の失敗から5年ほどがたった頃、ある程度の貯蓄ができ余裕ができたので、過去の失敗を糧に投資で資産を増やす方法を考え始めました。

過去の失敗の原因は、日々の価格変動に一喜一憂し、下がり切ったところで狼狽売りしたことだったので、投資先は日々の価格変動を気にせず長期保有できる商品にしようと考えたのです。

私が選択したのは、第1章で紹介した通り、次の2つです。

①ＮＩＳＡを活用した投資信託による積立投資
②ずぼら長期投資（アンティークコイン、ウイスキーカスクなどの実物資産投資）

どちらも、商品の選定次第では、年利10％をねらうことが可能ですが、①と②を併用することで、投資先の分散によるリスクヘッジができます。

最も重要なことは、長期的な傾向をきちんと調べた上で、日々の細かな価格変動を気にせず、とにかく「ほったらかす」ことです。

①については、前節で説明したテールイベントに従い商品選定をすれば、手堅く高いリターンをねらえます。ポイントは、投資信託を一定額で毎月購入し、積み立てていくことです。いわゆる「ドルコスト平均法」という投資方法ですが、毎月一定数を購入する場合に比較して、購入単価を下げることが可能です。

②の投資先の詳細は第6章に書きますが、**年利10％超をねらえる商品を見つけ出すことは可能です。**

いきなり高額なものに投資するのは金額的にも心理的にもハードルが高いので、数十万円台くらいから購入できる商品があるかどうかを確認して投資するといいと思います。

そもそも、高額になればなるほど商品を買える人が少なくなり、需要の大幅増加が見込めず、価格上昇が想定しにくくなります。投資に対する費用対効果を考えると、あまりにも高額な商品を買うよりは、少額なものから始めることが重要です。

アンティークコインの場合、1枚で1億円を超える高額なものもありますが、10万〜20

万円程度から購入できるコインもたくさんあります。

ウイスキーカスクも同様で、億単位で取引されているカスクもありますが、そのようなカスクを買える人は世界的にも稀《まれ》です。樽詰めしてからまだ時間がたっていないカスク（ニューメイク）や、あまり人気のない地域のカスクであれば数十万円から購入できます。

年利10％ならおよそ7年で資産が倍になる「72の法則」

まずは少額のものから投資を始め、数年後にその投資を回収したら、もう少し高額のものに投資し、また数年後に回収したらさらに高額なものに投資をする、という流れが私はいいと思っており、名付けて「わらしべ長者的投資戦略」です。

『10万円から始める！［貯金額別］初めての人のための資産運用ガイド』（内藤忍著、ディスカヴァー携書、2015年）には「資産運用は3段ロケットで考える」とあり、1段目ではインデックスファンド（日経平均などの指数に連動した投資成果を目指す投資信託）を組み合わせて資産を積み上げ、2段目では国債、ETF（上場投資信託）やREIT（不動産投資信託）などのインデックスファンドに代わる商品へのスイッチを検討し、

3段目では金融資産から実物資産へとスイッチする、といった内容が書かれています。

このように、3段階で増やしていくという部分は、「わらしべ長者的投資戦略」に通じるものがあります。

例えば、初めは100万円程度で年利10%をねらえる投資商品を購入します。すでに投資を行っているみなさんであればご存じだと思いますが、**資産が2倍になる年数を計算できる「72の法則」というものがあります。**

計算例を示すと、次のようになります（税金は計算に入れていません）。なお、この計算は複利（預入時の元本に利息が加わったものが次の元本になる）に基づいていますので、単利（預入時の元本に対して利息がつく）の場合はあてはまりません。

●金利から年数を計算する

年利10%の商品の場合：72÷10＝7・2年（およそ7年で資産が倍になる）

●年数から金利を計算する

7年の場合：72÷7＝約10・3%（およそ年利10%の商品で資産が倍になる）

つまり、年利10％の投資商品であれば、およそ7年で資産が倍になりますから、購入から7年後に200万円で売却します。

次は、200万円から納税した残りで年利10％の投資商品を買い、7年でおよそ倍にします。この「倍にして売却」を繰り返していき、少しずつ高額な投資商品を買い続けて増やしていきます。

わかりやすいように倍にすると書きましたが、**重要なことは、時間を味方につけることで、着実に資産を増やしていくことが可能だということです。**

この「わらしべ長者的投資戦略」こそ、私が考える最良の投資戦略になります。

年利だけでなく過去の実績も重要

ただし、いくら年利10％以上をねらえると謳《うた》っている商品であっても、それが長期的に続く保証はありません。

そこで、年利と同じくらい重要視するのが、過去5〜10年程度以上の運用実績です。

なぜ5〜10年程度以上の運用実績が重要なのかと言うと、長い期間の間に起こる様々な出来事を経験した上でも成長できる商品だからです。
私が投資しているアンティークコインやウイスキーカスクも同様です（第6章に詳しく書きます）。

例えば、2023年から10年さかのぼってみると、2013年以降、アルジェリア人質事件、ボストンマラソン爆破テロ、ロシアのクリミア併合、パリ同時多発テロ、MERSの流行、パナマ文書流出による富裕層の課税逃れ発覚、トランプ大統領就任、香港大規模デモ、イギリスのEU離脱、新型コロナウイルス感染症の流行、など様々なことが起こりました。

これらの出来事は経済活動にも大きな影響を及ぼすので、投資商品の価格の乱高下、投資家の投資商品からの離脱、商品の販売元の倒産など、様々なことが起こりえます。それでもなお生き残り着実に運用成績を上げているということは、今後同じような出来事があっても生き残る確率が高い商品だと言えます。

臆病な私が、米国と英国の不動産に投資している理由

ずぼら長期投資には積極的な私ですが、ワンルームマンション投資などの不動産投資に対しては消極的です。その理由は以下の通りです。

❶ほったらかせないから

投資用不動産を持つと、入居者への対応、退去時の対応と新しい入居者の募集など、それなりに手間がかかります。管理会社にすべてお任せすることも可能ですが、手数料がかかりますし、空室が続くとちゃんと営業してくれているのか心配になります。

❷大きなお金の借入が必要だから

奨学金返済でも大変だと思ったので、もっと大きな借入をして返済することは臆病な私には考えられません。

❸簡単に売却できないから

残債との兼ね合いで、いつでも売却できるとは限らないので、どうしてもお金が必要なときに現金化できないと困ります。

逆に、このような不動産であれば積極的に購入したいと考えています。

①手間がかからずほったらかせること

一旦投資したら後は償還まで待つだけというものなら、何もしなくていいので楽です。

②ローンを組まずに購入できること

数百万円から投資できる商品であれば、不動産として安価だと感じます。

③売却に制約がないこと

時期が来れば償還されるものだと魅力的です。

私は米国と英国の不動産に投資していますが、この積極的に購入したい条件に合致したので投資を決めました。これらの投資は資金計画も立てやすく、手離れがいいので私の投資志向に合っていると判断したのです（米国と英国の不動産投資の投資商品としての特性についても、第6章で紹介します）。

第4章

「ずぼら長期投資」の注意点と対処法

相場がわかりにくい場合は専門業者に相談する

ここからは、実際にずぼら長期投資を行う際に、気をつけていただきたい注意点とそれへの対処法について書いていきます。

まず、投資商品（実物資産）の価格についてです。

私たちが普段買っている食品や電化製品などは、価格を比較した上で購入可能です。しかし、多くの投資商品は販売経路が限られているので、その価格が適正かどうかよくわかりません。

投資商品の購入を決めたら、できるだけ多くの専門業者に適正価格を確認することが望ましいのですが、大量生産しているものばかりではないので、価格を比較して購入することが難しい場合もあります。

もしもわからないときは、できるだけ多くの専門業者に聞いて確認し、客観的な価格を知ることが重要です。

専門業者の意見を聞きながら自分でも調べたいのであれば、絶対ではありませんが、ある程度客観的に情報収集する方法はあります。

例えば、アンティークコインの場合、第2章のステップ4で説明したように、世界各地で定期的にオークションが行われており、そこで売買されたコインの価格を閲覧することは可能です。

しかし、オークションの中には「吊り上げ師」と言われる人たちがいて、仲間同士でどんどん価格を吊り上げていき、知らない人が高値で入札した途端にピタッと入札をやめるケースもあります。

詳しくは『アンティークコイン投資解体新書』(葉山満著、ビーパブリッシング、2022年)に書かれていますが、このようなコインは、不当に高い価格で落札されているためで、将来的に価格が下がる可能性があるかもしれませんので、やはり専門業者に確認した方が賢明です。

第5章で触れますが、レアウイスキーは、販売経路が多岐にわたりますので、売却で困ることはほとんどないと思いますし、年十数%で成長しており、成長率に見合った価格で売買される可能性が高いと考えています。

私は嗜好品としてのウイスキーは一定程度の需要が見込めると考えていますので、あまりにも適正価格から離れた価格で売買されるとは思っていません。もちろんこれは私個人の意見ですので、正確な情報や詳細については専門業者に確認した方がいいです。

偽物購入のリスクは、鑑定会社の結果を確認することで回避する

ネットオークションサイトを見ると、ケースに入らずに無造作に売買されているアンティークコインを見かけます。しかし、一般の人はアンティークコインの知識が乏しい上、ネット上の売買では直接確認できませんので、そのコインが本物か偽物かを判断することは非常に難しいです。

本物であるという確信が持てない可能性が高い場合は、購入しない方がいいのは言うまでもありません。

私が購入するとしたら、信頼できる専門業者に依頼し、鑑定会社の名前（NGC、PCGSなど）、コインの名称、鑑定結果とシリアルナンバーが記載されたプラスチックのケース（スラブと言います）に入っているものを選びます。

また、IAPN（国際貨幣専門協会）という団体があり、こちらのメンバーである専門業者だと、さらに安心です。

・「IAPN」 https://www.iapn-coins.org

ＩＡＰＮは、コイン、メダルなどのコレクションに関する専門知識を多く持っている方々がメンバーになっています。「模倣品、贋作《がんさく》などを販売しない」「盗品を売買せず素性のはっきりしたものだけを売買する」「取引を行う国の法律に従う」「商品に関して明確に説明を行う」など、厳格な倫理規定のもと行動しています。

この協会のメンバーになっている専門業者であれば、ほぼ間違いないと思っています。

アンティークコイン以外に関しては、例えば宝石の場合、鑑別書や鑑定書があります。

鑑別書は、宝石の比重、屈折率、光学的な性質などを、宝石鑑別機材を用いて科学的に検査したデータから、天然、合成などの起源、カット、研磨以外の人的手段の履歴を明らかにしレポートにしたものです。書面には、発行者の名称、所在地などが掲載されます。

一方、鑑定書（グレーディングレポートとも言う）はダイヤモンドの場合のみ発行され、重量と品質のグレード（等級）を、根拠となる検査結果とともに示したものです。グレードは、以下の４Ｃで表されます。

- カラット（Ｃａｒａｔ）：石の重量
- カラー（Ｃｏｌｏｒ）：石に帯びる黄色の濃度
- クラリティ（Ｃｌａｒｉｔｙ）：石の透明度
- カット（Ｃｕｔ）：石の輝きの良否を決定するプロポーション

なお、グレーディングレポートに価格は表記されません。理由は、ダイヤモンド価格は需要や為替相場によって常に変動していて、一定の価格というものが存在しないからです。

販売元が火事や盗難のリスクをカバーしているかを確認する

投資信託や株の場合は心配ありませんが、実物資産は火事で焼失したり盗難で紛失したりすることが考えられます。このような不測の事態に対して販売元がどのような対策をしているのか、事前に調べておくことが重要です。

実物資産の場合には、商品の盗難、消失、保管による状態維持などがどのようになされるのかを慎重に調べて、問題ないと判断した上で購入するのがいいと思います。

例えば、アンティークコインは自宅で保管することも可能ですが、専門業者によっては有償で預かりサービスやっているところもあります。自宅で保管すると盗難や紛失のリスクがあるので、このようなサービスを利用するのが安心です。

ウイスキーカスクは、カスク保管倉庫が火事になったり盗まれたりするリスクがあります。スコッチウイスキーの場合、保税倉庫でカスクを管理しており、運営会社の倒産などによる信頼性喪失を防ぐため、カスク保管に厳しい規制を設けています。保税倉庫が倒産したとしても、カスクの所有権自体はイギリス政府の登録番号で管理されているので、別の保税倉庫で管理するなど引き続き保管されます。

それでも万が一カスクに損害があった場合に備えて保険に入っており、同等のカスクとの交換や保険金の支払いなどで補填されます。火災については、1875年にあって以来一度も発生していませんし、カスクが盗難にあったとしても、すべてのカスクがイギリス歳入庁により追跡可能な状態になっているので、転売することができません。

また、ワインのように、瓶詰め後の保存状態によって品質が大きく変わるものは保存管理が重要です。保存状態が悪いと劣化が早く、変質しますので、適正管理がされているかどうかの確認が必須です。

海外の投資商品を購入する場合、送金方法など手続きを確認しておく

投資商品が国内のものであれば問題ありませんが、海外の投資商品を購入する場合、現地通貨で支払わないといけません。その場合の支払方法について、事前に調べておくと慌てずに済みます。

クレジットカード決済が可能なケース、日本円での送金が可能なケース、銀行窓口から送金先口座に国際送金するケースなど、購入商品と専門業者で様々です。

クレジットカード決済の場合、カードの限度額が引き落とし額よりも高いことを確認した上での決済が必要です。1枚のカードで決済できない場合、複数のカードに分けて送金できるように対応してくれる専門業者もいますので、確認してください。

日本円での送金が可能なケースについては、専門業者が適用するレートで送金することになります。この方法は便利ですが、レートが高かったり、すべての専門業者が対応できるわけではなかったりするので、事前に確認が必要です。

指定された海外口座に振り込む国際送金の場合、Wise《ワイズ》や楽天銀行など、安い手数料で振り込みできる方法もあるようですが、私は銀行の窓口に出向きました。理由ですが、高額なお金を、しかも外貨で送金することになるので、自分1人ですべてを行い後で問題が起こった場合、対応できないからです。

銀行窓口からの送金は手数料が高いのですが、後々不安を持つくらいなら高い手数料を払っても銀行窓口で行う方が安心だと思います。通常はありえないことですが、伝えられた海外の送金口座が実在しないことがあるかもしれませんので、そんなときの対応を含めた安心料だと思えば、手数料は決して高くないと考えています。

海外送金の際の注意点として、送金途中にかかる手数料があります。代表的な手数料として、リフティングチャージやコルレス手数料があります。

リフティングチャージは、海外送金時に両替せずに同一通貨を送金する場合の手数料です。また、コルレス手数料はコルレス銀行（銀行と銀行をつなぐ銀行）にかかる手数料です。

コルレス銀行は中継銀行とも呼ばれ、SWIFT《スイフト》（国際的な銀行のネットワーク）を使った送金の際、送金銀行と受取銀行をつなぐ役割を果たします。海外の銀行同士は直接つながっていないことが多くＳＷＩＦＴを使って送金しますが、そのときにかかる手数料になります。

海外投資において一番高いハードルは、言葉の違いではないでしょうか。

ただでさえ言葉の違いがあるのに、経理、財務、税務などの専門知識を持ち得ていない場合は、円滑な手続きのため、国内で対応していただける専門業者にサポートをお願いするのが無難だと思います。多少の手数料を払っても、確実に投資を開始できるので安心です。

餅は餅屋でしょうから、任せる部分は任せてしまい、自分自身は投資することに集中するのがいいと思います。普段の生活はケチケチでいいので、浮いたお金をこのようなサポート代金に回す方が精神衛生上いいと、私は考えています。

為替の変動は、長期保有と高い年利でカバーする

ドルやポンドなどの外貨を保有したり、外貨建てで実物資産を購入したりすると、為替の変動により損益が出ます。

円をドルに交換してドル建て商品を購入した後、売却のタイミングで運悪く円高になってしまったら損をしますが、私は長期保有と高い年利でカバーできると考えています。

ここで、投資年数と利回り、および投資額が元本割れしないドル円相場について試算してみます。初期条件と想定利回りは次の通りです。

●初期条件

投資時のドル円相場：1ドル＝140円

投資額：2万ドル＝280万円

●想定利回り

4％、8％、12％、16％

その結果をまとめたのが左表です。投資年数、想定利回り、投資額を割り込まない為替相場を記載しています。

例えば、投資開始から5年目（濃いグレーの部分）を見ると、次のようになります。

- 利回りが4％の場合：1ドル115円でも投資額を下回りません
- 利回りが8％の場合：1ドル95円でも投資額を下回りません
- 利回りが12％の場合：1ドル79円でも投資額を下回りません
- 利回りが16％の場合：1ドル67円でも投資額を下回りません

高利回りの商品に長期間投資することで、投資開始時の1ドル140円に対して最大で73円（140－67＝73）円高でも投資額を下回りません。

投資期間が10年だと、さらに円高になっても投資額を下回りませんので、長期投資により為替変動に耐性がつくことがわかります。

私は、海外投資において為替のことはあまり考えていません。

この試算の通り、年利10％超の実物資産に長期間投資すれば為替の変動を吸収できますし、為替のように自分がコントロールできないことを悩んでも意味がないからです。それよりも、投資商品選定で悩むのが合理的です。

投資年数・利回りとドル円相場の関係

●投資額（ドル）：20,000ドル ●投資時為替：140円/ドル ●投資額（円）：2,800,000円

	利回り 4%		8%		12%		16%	
年数	ドル価格	投資額を下回らない為替(円/ドル)	ドル価格	投資額を下回らない為替(円/ドル)	ドル価格	投資額を下回らない為替(円/ドル)	ドル価格	投資額を下回らない為替(円/ドル)
0	20,000	140	20,000	140	20,000	140	20,000	140
1	20,800	135	21,600	130	22,400	125	23,200	121
2	21,632	129	23,328	120	25,088	112	26,912	104
3	22,497	124	25,194	111	28,099	100	31,218	90
4	23,397	120	27,210	103	31,470	89	36,213	77
5	24,333	115	29,387	95	35,247	79	42,007	67
6	25,306	111	31,737	88	39,476	71	48,728	57
7	26,319	106	34,276	82	44,214	63	56,524	50
8	27,371	102	37,019	76	49,519	57	65,568	43
9	28,466	98	39,980	70	55,462	50	76,059	37
10	29,605	95	43,178	65	62,117	45	88,229	32

売却のタイミングを視野に入れて投資計画を立てる

長期的な投資期間の間、子供の教育資金のようにまとまったお金が必要な時期がくると思います。**小中高の入学や卒業のタイミングは事前にわかりますので、それに合わせて資産売却することを視野に入れて投資計画を立てると、楽しみを持ちながら資産形成できます。**

ただし、投資にはリスクもありますので、教育資金を100%投資でカバーするのではなく、預貯金をベースに、投資も並行して行う計画を立てるのが無難です。

子供の教育方針は家庭によって違うと思いますので、かかる費用も異なります。高校までの費用は、令和3年度（2021年度）の文部科学省の調査結果によると、次のような金額になります（幼稚園は3年で計算）。

・すべて公立に通った場合：約570万円

・すべて私立に通った場合：約１８００万円

現在は半分以上の子供たちが大学に進学しますので、大学の4年間の授業料も考えてみましょう。こちらも令和5年度（２０２３年度）の文部科学省の調査結果によると、次のような金額となっています。

・国立大学：約２００万円
・私立大学：約４００万円

入学時には入学金や施設設備費などがかかるので、国立大学で30万円弱、私立大学で40万円強がプラスで必要になります。

特に中学、高校、大学入学時に高額な費用が必要になりますので、子供が12歳、15歳、18歳になるタイミングで資産売却ができるように投資計画を立てると資金繰りが楽になります。

これまでは学資保険でカバーするケースが多かったと思いますが、最近は利回りが非常に低い上に、解約するか貸付を利用する以外に途中でお金を引き出すことができないので、私はやりませんでした。

その代わりに、「はじめに」で説明したように毎月定額を預貯金し、2人の子供の進学費用としてそれぞれ300万円貯めました。月末に自動積立するように設定していたので、途中で止めることはありませんでしたが、当時から投資をやっていたら、貯蓄と投資の2本柱でもう少し楽に資産形成できたと思います。

では、投資開始時期はどのように考えたらいいでしょうか。想定利回りを年利10%とした場合7年でほぼ倍になりますので、私ならこのように考えます。

- 大学進学時の学費：小学校卒業前くらい
- 高校進学時の学費：小学校の低学年くらい
- 中学進学時の学費：幼稚園の年中くらい

次に、投資額についてはどうでしょうか。

例えば、大学の学費の半分を預貯金で賄い、残り半分を投資でカバーすると想定します。

目標額が400万円なら半分の200万円を投資でカバーするので、小学校卒業前に100万円の投資をし、並行して毎月2万5000円を預貯金し大学入学費用に充てる、というのが私の立てる計画です（税金は別途かかります）。

本節の冒頭にも書きましたが、教育資金のように確実に支出が必要なものは投資だけでカバーせずに、預貯金と並行して行うことでリスクを低減するべきです。

ここで説明した計画はあくまでも机上の計算に基づいた楽観的な数値であり、想定利回りがもっと低いケースもありますし、想定通りに投資回収できないこともありえます。ですので、預貯金をベースに、投資で補完する計画を立てるのがいいと思います。

資産売却の時期が予定より遅れることも想定しておく

投資商品によっては、売却したいタイミングで必ずしも売却できないことがありますので、注意が必要です。

投資信託は価格さえ気にしなければいつでも売却可能ですが、他の実物資産では、必ずしもそういかないことがありますので、お金が必要な時期に売却できないことも想定して投資しましょう。

例えば、海外土地開発では、数年前から将来需要を予測して開発を進めますが、様々な理由により売却が進まないケースがあります。この場合、土地の売却時期を先延ばしすることになりますので、自分が想定したタイミングで投資資金の回収ができなくなります。

アンティークコイン、ウイスキーカスク、絵画、クラシックカーなどの実物資産でも、自分が売りたいタイミングで買いたい人が現れない場合、売却が思ったように進まない可能性があります。

特に高価格のものになると購入できる人の数が限られますので、この点は注意が必要だと思います。

ウイスキーカスクの場合、売却したいタイミングで購入希望者がいないと売却できませんが、販売先が多様化しているので売却できないことは想定しにくいと思います。

とは言え、ウイスキーの需要が減少する可能性はゼロではないので、売却できたとしても元本割れしないと売却できない可能性もあります。ここ数年の成長率が高いことは事実としてありますが、それが未来永劫続く保証はありませんし、人気に陰りが出る時期が来るかもしれません。

いずれにおいても、投資商品である以上、必ず想定通りの利回りで想定通りの時期に売却ができると約束されたものはありません。投資回収したい時期に回収できないことも見越して、資産計画を立てておくことが重要です。

このような事態に備えて、ある程度の預貯金を持っておくことも必要です。

売却手続きが面倒であれば、手数料を払って専門業者に任せる

実物資産を売却するのに、Ｙａｈｏｏ！オークションなどのネットオークションで売却するのはありだと思いますが、自分が想定した価格で売れるとは限りません。資産の価値を正しく認めてくれる人たちがいる場で売却するのがいいと思います。

例えば、アンティークコインの場合、第2章のステップ4で説明したように、世界中で定期的にオークションが開催されています。オークションごとに参加方法を確認し、直接会場行けば、オークションに参加できます。

ネットとは違い、実際にオークションに参加することで、投資家やコレクターと直接会うことができますし、たくさんのコインを見ることで自分自身の見識を養うこともできます。

自分自身が売りたいコインがあったらオークションに事前登録すればいいのですが、私はこれまでやったことがないので、もし売却するとしたら専門業者に依頼し代理で出品し

てもらうつもりです。もちろん手数料がかかりますが、適正価格での売却が期待できるのであれば、そちらの方がいいと思っています。

ウイスキーカスクや海外不動産のように、売却が自分でできないものは、すべてを専門業者に任せることになります。手数料を払いますが、それで完結するので安心です。

すべてを自分でやろうとせずに、海外送金同様、任せるところは任せる意識でいる方が気楽でいいと思います。

実物投資をする際には、どのような売却方法があるのか、それを代行してくれる専門業者はいるのか、手数料はどれくらいかなども事前に調べておくことが大切です。

納税について不明点があったら税の専門家に相談する

日本国民である以上、納税は義務であり、意図したかしないかに関係なく、その義務を果たさなければ脱税です。**投資で利益が出たら、納税があることを忘れないようにしましょう。**

とは言え、私も含めて多くの方々は税理士資格を持っていないと思いますので、不明な点があったら必ず税の専門家である税理士に相談し、適切な納税を行いましょう。

一方で、損した場合はどうなるのでしょうか。

この場合の税金について国税庁のウェブサイトを確認すると、不動産所得、事業所得、譲渡所得、山林所得は損益通算が可能とあります。

損益通算とは、同一年分の利益と損失を合算することです。例えば会社勤めをしていた人が年の途中から起業し赤字になった場合、給与所得のプラス分と事業所得のマイナス分を合算することができます。これにより、その年の利益が少なくなり、課税所得が少なくなった分納税額も少なくできます。

ただし、国税庁のウェブサイトによると、不動産所得の場合、不動産なら何でもいいわけではなく、別荘のように通常必要でない資産の貸付によるもの、土地を取得するために要した負債の利子に相当する部分などは除外されます。

最終的には税務署判断になりますので、不明な点があれば自分勝手な判断をせずに必ず専門家の判断を仰ぎましょう。

負の影響を与える人とは距離を保つ

『お金持ちがしている100の習慣』（ナイジェル・カンバーランド著、ダイヤモンド社、2021年）に、お金持ちになるための習慣についてこのように書かれています。

「お金持ちになる人は友人からの良い影響を受け、お金持ちにならない人は悪い友人に毒される」

「あなたの目標や、より良い人生を追求するための時間、労力、お金の使い方などを揶揄するような人とは、一緒に時間を過ごすべきではありません」

みなさんの近くにこんな人はいませんか？

- 飲み会やゴルフを強要してくる人
- 自慢話や説教が多く、内容が全く参考にならない人

・他人がお金を使うことを強要し、節約を邪魔する人

このような人たちは、私たちからお金を奪うだけでなく、貴重な時間や前向きな気持ちも奪います。これはマニアックな実物資産への投資だけに限ったことではなく、資産形成に悪影響を及ぼしますので、こんな人が近くにいたら、速やかに距離を置くことが賢明です。

「はじめに」で説明したように、私は600万円の奨学金を10年以上かけて完済しましたが、好きでこんなに借金をしたわけではありません。学生時代、土日は可能な限りアルバイトで食いつなぐ計画を立てていたのですが、ゼミで土日に開催するゴルフコンペや飲み会への参加を義務化するという理由で、アルバイト禁止ルールが決まったのです。

これで私の計画が根本から崩れました。

このルールをつくったA氏こそ、私にとっての有害な人です。ゴルフや飲み会以前に、私にとっては生活費確保のために土日のアルバイトが必須だったのです。

事情を話せばわかると思いA氏に伝えたところ、「金がないなら育英会の奨学金を借りろ。奨学金はタダだ！」とキレられ、経済的困窮の訴えにも一切聞く耳を持ってくれなか

ったのです。

以前の日本育英会の規定には「返還特別免除制度」というものがあり、小中高大学の先生など、特定の職業に就くと奨学金の返済を免除されていました。A氏は免除対象職で、学生時代に借りた数百万円の奨学金返済が全額免除されており、誰でもタダだと勝手に思い込んでいたのです。

卒業のためにはA氏の言うことを聞く以外なく、渋々貸与申請をしたのですが、これが不幸の始まりだったのです。借りなくてもよかったはずの奨学金という借金が毎月振り込まれ、それをゴルフや飲み会で浪費する日々……。

借金が毎月増え経済的にも追い詰められて、ほとんど思考停止状態になっていました。20代前半で多額の借金を背負い人生を諦めていた私は、まさに「悪い友人に毒される」人間そのものでした。

しかし、いくらA氏が強要したとは言え、奨学金を借りる選択をしたのは自分なのです。『お金持ちがしている100の習慣』に、「頭に銃口を突きつけられたりでもしていない限り、何かに署名したり同意したりするときに責任を負っているのは自分だけです」とある通り、脅されようがすごまれようが、署名したのは自分の責任です。

損害賠償請求できないかと、弁護士相談にも行きましたが、「無理やりハンコを押させられたわけではないでしょう?」と全く相手にされなかったので、やはり奨学金貸与を断固拒否するべきだったのです。

このような失敗を二度としないため、A氏のように自分の負債になる人とは関わらないことを徹底しました。負債から距離を置き、自分のペースで預貯金ができれば余裕ができ、仕事も友達付き合いも選べるようになるので、自分の選択の幅が大きく広がります。

他人を排除する決断を下すには勇気が必要でしたが、前出の『サイコロジー・オブ・マネー』の一説にある言葉が私を突き動かしました。


「私たちは少額の貯金をするたびに、誰かに所有されていた自分の未来を少しずつ奪い返しているのだ」

20代の私の時間は、自分にとって負債になる人に支配されていましたが、借金を完済し貯金体質になったことで、それまで他人に所有されていた自分の時間を取り戻していると実感しています。

誰かの所有から自由になり、20代で諦めていた人生を40代で取り戻し始め、これから先もっと自由になっていくことにワクワクしています。

もし自分の周りに負債になる人がいたら、「有害な人とはためらわずに距離を置く」を実践すべきです。他人と縁を切るのは勇気が必要ですが、自分の未来を奪い返せるかどうかの分岐点になります。

少しだけ気持ちを強く持ち、預貯金や投資で資産を増やすことで、明るい未来が待っています。

甘い話に乗って高額な手数料を払わない

私の投資失敗談と成功談をいくつか紹介しましたが、成功するために何か黄金則のようなものがあったかというと、そんなものはありません。

1つだけ言えることは、失敗例では他人からすすめられて何となく投資していましたが、成功例では自分が納得し決断した商品に投資している、ということです。これについてはジム・ロジャーズ氏や土井英司氏の言葉としてご紹介した通りで、「成功する人は、自分がよく知らないものには投資しない」というルールそのものです。ウォーレン・バフェット氏も、「自分の理解できないものに投資しない」という原則に従っています。

私が失敗したケースでは、投資商品の情報を自分なりに分析することもなく、雑誌や経済学者が言うことを鵜呑《うの》みにしていました。「有名な企業の株だし大丈夫だろう」「著名な学者が言うのだから大丈夫だろう」くらいに考えていて、自分自身であまり考えずに何となく投資していました。

売却のルールすら決めていなかったので、いざ株価が大きく下がったときに狼狽《ろうばい》してしまい、慌てて売却して損失を出しました。

もちろん、失敗の原因が雑誌や経済学者、投資対象にあるというつもりは毛頭ありません。当たり前のことですが、投資はすべて自己責任です。他責にするべき話ではなく、あくまでもそれを選んだ自分の責任であり、ジム・ロジャーズ氏の言う通り「他人の意見を聞くべきではない」のです。

その後、大きな失敗をせずに何とか順調に進めていますが、やはり自分が納得し理解した商品に投資してきたことが大きいと思います。

投資商品の情報はできる限り広く集めますが、最終的な投資判断は自分で行っており、それが自己肯定感につながっていると感じます。失敗も成功も自分に責任があるということが精神的安定を与えてくれていて、健康にもいい影響があると感じています。

自己責任で判断することと健康の関係について、『となりの億り人』(朝日新書、2021年)などの著書がある、経済コラムニストの大江英樹氏の書かれた面白い話があります。

実は、社長は社員よりも長生きするというのです。社長は一見責任も重く大変だと思うのですが、社員と違い物事を決断する権限があり、自分で物事を決断できる割合が高いほど健康にいい影響を与えると言います。

ただし、投資において自己責任で判断できることはいいことではあるものの、いざ投資を始めようと決断し、いきなり証券会社や銀行の窓口に行くのは避けるべきです。

理由は、手数料が高いこと、褒められたり甘い言葉をささやかれたりすると、ほしくもない商品を買ってしまう可能性があることです。『人生にお金はいくら必要か〔増補改訂版〕』(山崎元・岩城みずほ著、東洋経済新報社、2019年)でも、「『運用は難しいから、プロに任せよう』(例えば、銀行や証券会社の窓口でアドバイスを聞いてみよう)とだけは、絶対に思わないように」と注意喚起しています。

例えば、ある証券会社の窓口で、1000万~3000万円の取引した場合、約定代金×0・561%+2万4200円の手数料がかかります(2024年3月現在)。

1000万円の商品を買うと、1000万円×0・561%+24200=8万300円かかり、利益確定のため売りを行うと往復で16万600円かかります。おすすめされた商品が思ったようなリターンを出さないからと売却し、別の商品に買い替えたりすると、2回の取引で手数料が30万円を超えます。手数料や不要な商品を買わないことを考えたら、ネット証券やネット銀行を活用するのがいいと思います。

商品を紹介する側である証券会社や銀行は、商品を買った人が儲《もう》かることを重要視していると思いますが、それと同じくらい自社が儲かることを重要視します。

これは会社である以上当然のことで、会社の利潤追求がトッププライオリティです。証券会社や銀行は、投資商品を売買する際に手数料が確実に入り利益が出ますが、このことと購入した人が儲かるか損するかは関係ないのです。

手数料を払っても投資する価値があると判断したのなら全く問題ありませんが、すすめられるままに購入し損をしたら、販売元に苦情を言いたくなるかもしれません。しかし、投資判断をしたのはあくまでも買った人なので、文句を言っても始まりません。

他人にすすめられるままに投資をして失敗すると、その理由を冷静に判断することが難しくなります。なぜなら、高い手数料を払ってまで買っているので、儲からない責任をすすめた側に押しつけようとするからです。

前出の『バフェットとソロス　勝利の投資学』にも、「ブローカーの推奨に従って投資する人たち」は、「自分の行動を人任せにし、だから損をしても自分のせいじゃない」とする結果、「何かを学ぶことは決してない」と書かれています。

いくらすすめられたからと言え、窓口で銃を突きつけられてサインしたはずもなく、最終決定は自分が下したのですから、すべて自己責任です。失敗から何も学べないとしても、すべての結果は自分が甘んじて受け入れる以外にはありません。

投資はあくまでも自己責任ですので、窓口に行く前にある程度の勉強はしておくべきですし、購入を検討するのなら高額の手数料を払って損をすることもありえると心得ておく必要があります。

様々な専門業者の中には、明らかに自分たちだけが儲かることを考えた悪徳業者がいる可能性も否定できませんから、要注意です。私が受けた勧誘電話の業者などは、まさにこの典型例だと思います。

そこで、紹介したいのが、次章の**「悪徳業者を見破る魔法の質問10選」**です。

第5章

悪徳業者を見破る魔法の質問10選

質問1
「御社は設立から何年たちますか？」

投資のサポートを依頼する専門業者として私が重要視するのは、事業を継続してきた歴史です。できたばかりの会社だと、いくら素晴らしい実績があっても、それが本物なのかまぐれなのか区別ができないので、少なくとも5年程度の実績を積み重ねていることが大切です。

ここで聞くべき質問が「御社は設立から何年たちますか？」です。「5年です」「10年です」であれば問題ありませんが、「半年です」であれば、少し立ち止まってほかの専門業者を検討するのが無難です。

長く継続しているということは、それだけの期間世間からの厳しい声に応えてきた証でもあり、淘汰されずに残っているという事実は重要です。その点は評価に値しますので、企業が存続し商品を販売し続けている年数は重要な要素です。

しかし、会社の創業からの年数だけにこだわりすぎると商品選定できません。

というのも、今の日本では、何十年も継続している企業はそれほど多くないからです。東京商工リサーチの調査結果によると、2022年の日本企業の平均寿命は23・3年で、前年の23・8年より若干短くなっています。その中でも金融・保険業は12・5年と短くなっており、投資商品を扱う企業に20年、30年という歴史を求めるのはかなり難しいものがあることも事実です。

ですので、企業の創業からの年数に加えて、投資商品そのものの継続年数や過去の実績も同時に見て判断することが重要になります。商品が長期にわたって買われ続けているのであれば、その商品は専門業者に関係なく継続的に投資できる可能性が高いです。

質問2

「私の担当の方のお名前を教えていただけますか？」

投資というのは自分自身の大切なお金を第三者に預けるわけですから、誰を窓口にして預けるのかをバイネーム（「担当課長」などの肩書きではなく、その人の名前）で知っておくことは何よりも重要です。

専門業者に対して「私の担当アドバイザーの方のお名前を教えていただけますか？」という質問を投げかけて、「私、××が担当です」といった回答ならば大丈夫です。

しかし、「まだ担当が決まっておりません」や「えっと……」と歯切れの悪い回答であれば、「担当の方が決まったら連絡ください」と伝えて一旦話をやめるか、別の専門業者を検討する方がいいでしょう。

担当が誰なのかはっきりしていることは、何も投資の話に限ったことではありません。一般的な業務の中でも、会社横断でプロジェクトを実行する際には、必ず先方のカウンターパーソン（直接対応してくれる相手）を決めて行います。

カウンターパーソンがいない場合、メールを一斉配信したとき、全員が「誰かがやるだろう」と判断し、その結果誰も対応しないということが起こりえます。実際にプロジェクトマネージメントがうまく機能していないプロジェクトでは、全員が「誰かがやるだろう」と思い、結果的に誰も対応しないまま期限が目の前ということが起きます。

会社のプロジェクトでも投資でも、責任者をバイネームで決めることは必須です。

私が依頼している専門業者でも担当のアドバイザーが決まっており、私の投資志向や資産状況を把握し、定期的に新しい投資商品の紹介などをしていただいています。担当が決まっていることで、こちらからは「誰に聞けばいいのか」が明確になっており、これまで大きなトラブルに遭遇したことはありません。

投資開始の早い時期に担当者を決めてもらうように要求し、担当者が誰なのかをバイネームで確認することが重要です。

質問3 「私の投資志向に合っている商品をご紹介いただけますか？」

専門業者に連絡をする時点で、自分が投資したい商品がある程度決まっているかもしれません。それでも「私の投資志向に合っている商品をご紹介いただけますか？」と聞くことで、2つのメリットを享受できます。

①アセットアロケーションがつくれる
②自分が考えていなかった商品を紹介してもらえる

自分が知っている投資商品には限りがあり、自分だけで判断して投資すると偏った商品を選ぶ傾向があります。

リスクヘッジのためには、値動きが連動しない、お互いに相関性の低い投資商品を複数持つことが重要で、可能な限り第三者の視点で検討しておくと商品の幅が広がります。自分が知っていることだけで決めるのではなく、アドバイザーというプロの目線で検討してもらえば、これまで考えていなかった商品に巡り合うことができます。

ただし、アセットアロケーションを作成し自分の投資志向に合った商品を紹介していただくには、事前に次のような個人情報を専門業者に伝える必要があります。

- 資産状況（預貯金額、不動産などの所有資産など）
- 投資に回せる金額
- 収入
- 家族構成
- どんな投資商品に興味があるか
- 自分自身がなりたい将来像、など

非常にプライベートな情報なので、どうしても抵抗がある場合は、情報を小出しにしたり、年齢と職業だけで一旦作成してもらったりするのもありだと思います。

専門業者を信用できるまでは、すべてを出さない方がいいと思います。

私の場合、投資をしている知人がすでに利用していた専門業者に相談し、この質問に至るまでに何度か話したことがあり、面識もありましたので、大きな抵抗なく進めました。

1点だけこだわったのは、アセットアロケーション作成を有償で対応してもらうことでした。価格は12万円くらい。「タダほど高いものはない」ではないですが、無償対応していただくと、後々その費用回収のため、不要な商品や手数料の高い商品を紹介されたり、しつこい営業に悩まされたりするかもしれないと考えました。

お金を払った上でアセットアロケーションを提案してもらえば、後々こちらが断っても お互いに後腐れなく、しつこい営業に悩む可能性も低いと思ったのです。

アセットアロケーションができたら、具体的なポートフォリオの作成になります。両者の違いは次の通りです。

●アセットアロケーション（左図の左グラフ）

運用資金をどの資産で運用するか、比率を決めることです。この例では、先進国株式を50％、先進国債券を50％で運用します。

●ポートフォリオ（下図の右グラフ）

株式、債券といった情報に加えて組み入れ銘柄や保有数量を含んだ情報になります。この例では、国債でもAの国債を15%、Bの国債を20%などと具体的な商品名と保有割合を示します。

アセットアロケーションの作成を依頼した結果、ウイスキーカスク、アンティークコイン、海外不動産など、自分では思いつかない商品を新たに紹介してもらいましたので、自分だけで考えずに、アドバイザーの意見を聞けてよかったと思いました。

一方で、紹介された商品がすべて自分に合っているものと鵜《う》呑《の》みにしないことも重

アセットアロケーションとポートフォリオの違い

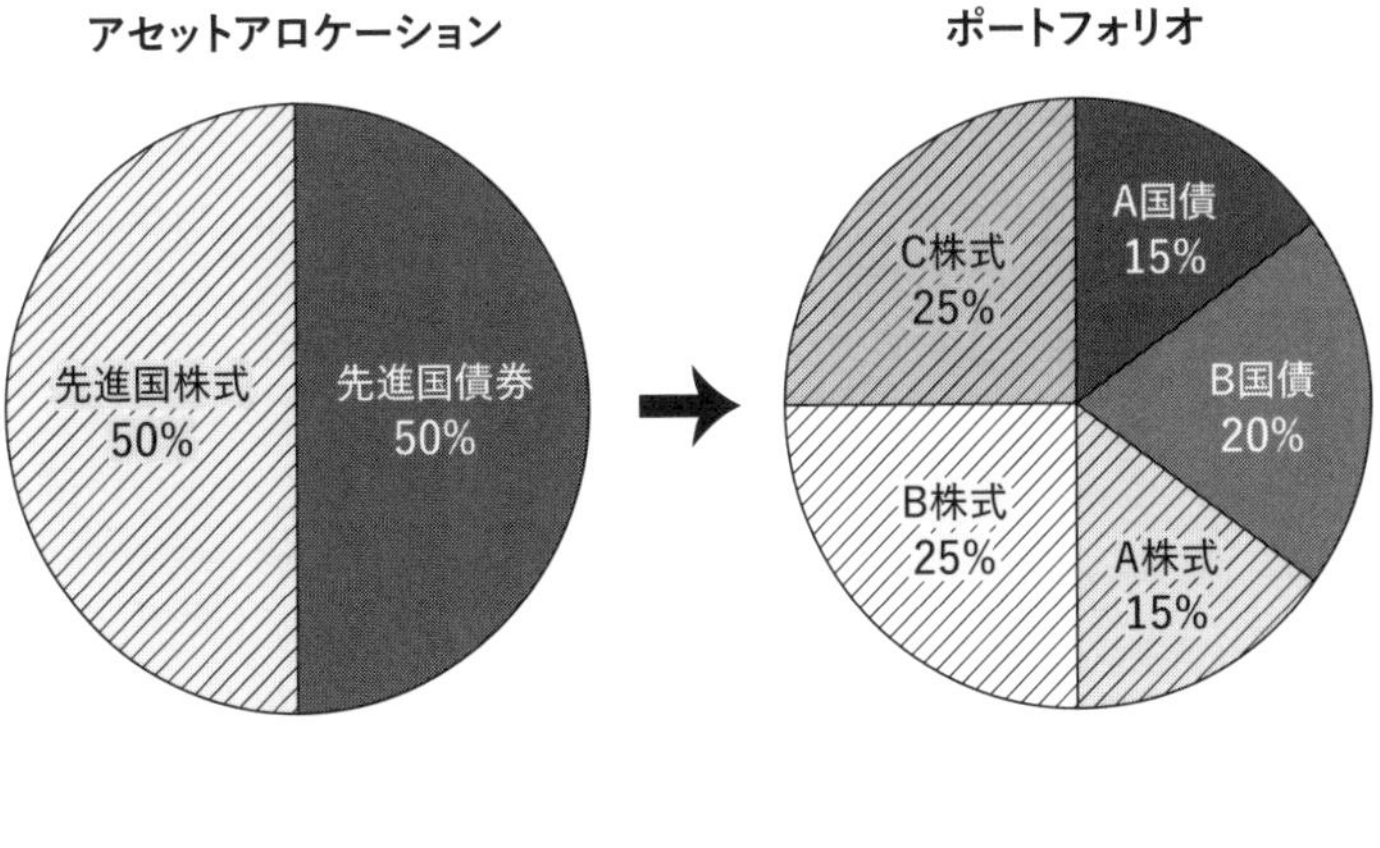

要です。紹介された商品を自らの投資志向に照らしてよく吟味しつつ、アドバイザーがその商品を紹介してくれた理由をしっかり聞くことが大切です。

その後の投資活動に大きな影響を与えますので、アドバイザーとの良好な関係構築ができるように、提案は一旦受けて、納得できない点については議論するのがいいと思います。プロの意見は貴重ですので、頼るところは頼って、自分の投資志向に合うかどうかを判断し、納得感があるかどうかをよく考えることが重要です。

質問4
「この商品の過去10年のリターンを見せていただけますか？」

「質問1」に専門業者の事業継続年数について書きましたが、会社自体の継続年数だけでなく、扱っている商品がどれくらい継続的にリターンを出しているかを確認することも重要です。

しかし、20年、30年という長期投資を考えると、専門業者がそこまで事業を継続していることが難しいかもしれません。そこで質問したいのが、「この商品の過去10年のリターンを見せていただけますか？」です。

商品そのものの継続年数がわかれば、商品を扱う専門業者が廃業しても、別の専門業者に変更すれば商品への投資は継続できるはずです。万が一のときの投資商品の扱いや継続投資について、契約の際に確認するのがいいと思います。

例えば、アンティークコインの材料である金（ゴールド）は、古代エジプトの時代から装飾品などに用いられており、その後古代ローマ時代には通貨に、それ以降も様々な分野で利用されてきました。現代でも装飾品や工業製品などに用いられたりしており、有史以来その価値を失ったことがないので、リターンについて考える必要性は少ないと思います。

ウイスキーカスクは第1章で説明したように、コロナショックの時期でもリターンを出しており、2023年までの10年間の成長率が322%となっています。

不動産については、これまでの売買価格の推移を調べれば、過去10年の実績はわかると思います。ただ、今後多くの先進国で人口減少局面を迎えるので、これまでと同じようにリターンを得られるかは十分に検討する必要があると思います。これまでよかったから、これからも同じようにリターンを出せるかどうか、慎重に検討する必要があります。

質問5
「この商品のリスクについて説明していただけますか?」

投資を決めるにあたって、絶対に避けて通れないのがリスクです。

「この商品のリスクについて説明していただけますか?」は必ず聞かないといけない質問ですが、それ以前に専門業者側から自発的に説明がない場合、その時点でアウトと言ってもいいと思います。

例えば、ワンルームマンション投資の場合、地震で建物が傾く、火事で建物が燃えるということがあると、建物の価格が下がったりその後の資産価値を失ったりすることがあるかもしれません。

このようにあらかじめ発生する可能性がある事象については、保険をかけて対策するのが一般的です。ウイスキーカスクの場合は、盗難、火災、倉庫運営会社の倒産などのリスクがありますが、いずれも保険に入ることでカバーできます。

ペーパーアセットでは紛失や火災などの恐れはあまりないと思いますが、実物資産においては資産価値を失うことを想定したリスク管理と対策ができていることが重要です。リターンに対する価格変動リスクの確認と同時に、火事や盗難などのリスク対策も確認しましょう。

リスクについて気になることがあったら、1つ1つ確認しておくことが望ましいです。

普通の専門業者であれば、こちらからの質問に対して真摯に対応し回答をしてくれるはずです。万が一回答を嫌がったり、何を聞いても「いや、大丈夫ですよ」「問題ありません」「私を信用してください」などと言ってはぐらかしたりする専門業者やアドバイザーに遭遇したら、絶対に選ばないようにしましょう。

質問6
「この商品の出口戦略を教えていただけますか？」

投資において、重要になるのが出口戦略です。ワンルームマンション投資のように月々の家賃収入を得るものもありますが、NISA、ウイスキーカスク、アンティークコインなど、多くの投資商品は売却することで利益を得ます。

「この商品の出口戦略を教えていただけますか？」は、投資により利益を生み出すために不可欠な質問になります。

出口戦略で重要なのは「売却先の選択肢が多いこと」「売却手続きが容易であること」「売却に制約がないこと」「不当な価格で売却されないこと」「手数料が高すぎないこと」などがあげられます。

投資商品ごとの特徴を、NISA、ウイスキーカスク、アンティークコインで例示します。

●ＮＩＳＡ

売却したいタイミングで売却できるので特に制約を受けません。自分自身の意思と手間だけで売却できるので非常に楽ですが、自分が投資した額よりも高値で売却できるかはそのときの相場次第です。

●ウイスキーカスク

売却先は、ボトラーズ（瓶詰め業者）、蒸留所、投資家、ブレンダー、法人顧客と豊富で、選択肢が多いので、売却先がなくて困ることはありません。専門業者に売却を依頼してから1～3カ月程度で売却が完了します。

●アンティークコイン

オークションで売却が可能です。自分が参加してもいいですし、専門業者にオークション代行を依頼することも可能です（別途費用がかかります）。ネットオークションでは簡単に売却できるかもしれませんが、適正価格で売却できるかわかりませんので、私は絶対に選びません。

出口戦略は投資回収のために避けて通れませんので、納得いく説明を求めることが必須です。

質問7
「この商品の購入者は何人で、あなたも購入されましたか？」

専門業者が商品の実績を積み重ねているということは、かなりの数の顧客が商品を購入しているはずです。また、投資商品として自信を持って販売するなら、担当者自身が購入していてもおかしくありません。

これを確認するために、「この商品の購入者は何人で、あなたも購入されましたか？」という質問は有効です。

商品として魅力があると言われても、その購入実績があまりにも少ないと本当に大丈夫だろうかと不安に思いますし、ある程度の購入数がないとリターン実績も偶然だった可能性があり、購入すべきかどうかの判断が難しくなります。

あえて逆張りして誰も買っていないから買ってみるという手もありますが、よほどのことがない限り私は購入実績の少ないものは買いません。

購入顧客が多くなると商品販売を行った回数も多くなり、それに伴い顧客の声とそれに対応した実績が積み上がります。

商品そのものの利回りの実績が大切なのはもちろんですが、購入顧客数が多ければ、トラブル対応、利回りの振れ幅の分布、リスク管理体制、支払方法の多様化など、多くの情報が集まり様々な改善が期待できます。商品を購入した顧客の生の声に触れる機会も多くなり、自分の投資志向に合っているかどうかを客観的に判断することができます。

販売業者自ら購入していれば、自分たちもリスクを取っていることがわかるので説得力も増します。

「はじめに」に電話勧誘を受けた話を書きましたが、このときの悪徳業者はこちらに一方的にセールスしながら、自分たちは絶対に商品を購入していないと断言できます。

私は実物資産への投資を行う前に、それまでにどのくらいの顧客が購入したのか、アドバイザーに確認しました。その結果、300組以上の顧客が購入しており、概ね購入商品に満足していることがわかりました。

アンティークコインについては、コイン商自身が数千枚のコインを持っているコレクターでもあり、自分が購入しているものを他人に売っていることで自信を持ってすすめていると感じました。

ウイスキーカスクについては、アドバイザー自身が数樽購入して運用しており、安定的なリターンを出していたことが安心材料となりました。

顧客への販売実績や、自分自身で購入し持っているかどうかという情報は、投資する際に確認しておきたい重要なポイントです。

質問8

「この商品は必ず値上がりしますか？」

ここまで読み進めていただいておわかりかと思いますが、必ず値上がりする商品はどこにもありません。

投資では、一定のリスクのもと、商品価格が上下するものなので、「この商品は必ず値上がりしますか？」に対する答えは、「そのような商品はありません」になります。

一部の悪徳業者は「はい、絶対に大丈夫です」「もちろんです」「毎月10％の利回りを出します」などと答えるかもしれませんが、そのような回答だった場合には即検討を中止するのが無難です。

実は「はじめに」で説明した悪徳業者の電話勧誘のときに「このマンションを買ってローンを払い終わったとき、マンションの値段ってどうなっているんですか？」と質問したのですが、予想通り「大丈夫です。必ず値上がりしています！」と回答しました。嘘《うそ》のような模範解答です（笑）。

「必ず値上がりする」などという人は明らかに嘘をついていますし、「毎月10％の利回りを出します」が実現できていたら、今頃世界は大富豪だらけです。そんなことが実現できていないことは自明ですので、絶対に相手にしないようにしましょう。

質問9

「会社でお話を聞きたいので、伺ってもよろしいですか？」

投資商品を決めて専門業者を絞ったら、直接会う前に電話やＺｏｏｍを活用して商品説明を受けるのがいいと思います。

電話やＺｏｏｍで商品説明を受けて商品の予備知識が頭に入ったら、実際に担当者に会って、現物があればそれを確認しながら、さらに商品説明を受けるのがいいと思います。実際に商品購入を決めるときはなおのこと、「専門業者の店舗が本当に存在するのか」「雰囲気はどうか」「自分の担当者はどのような人なのか」を直接確認してからにすべきだと思います。

そこで、「会社でお話を聞きたいので、伺ってもよろしいですか？」という質問をします。

大きな額を投資するわけですから、電話だけの対応ですべてを決めずに、直接会って、担当者の良し悪し、商品の良し悪しを肌で感じることが重要です。

私の場合は、まず投資商品をある程度絞った後、専門業者のアドバイザーとＺｏｏｍで話をしました。そこで商品のこれまでのリターンやリスク、アドバイザーの人柄や話し方を確認しました。

その後、有償でアセットアロケーションを作成していただくために、家族構成、収入、貯蓄額などの情報を提供しました。１カ月くらい待ち結果が出たら、再度Ｚｏｏｍで面談し詳細に説明していただきました。

アセットアロケーションについての詳細説明、想定利回りと今後の資産の推移などを細かく確認しましたが、とても丁寧に対応していただき、こちらからの質問でわからないことは持ち帰り、後日回答をいただきました。

これまでの真摯な対応と、アセットアロケーションに対する的確な説明に納得できたので、この専門業者を通していくつかの商品を購入することにしました。

自分が投資のサポートを依頼する人がどんな人なのか、直接会って確認したいと思ったので、面談を申し込み、妻と２人で出向きました。大きなお金を投資するので、絶対に２人で納得して決めたかったからです。そこで画面越しではわからない担当者のキャラクターを直接確認でき、２人とも間違いないと納得できたので購入に至りました。

このようなステップを踏んで購入したことで納得感を得られたので、この専門業者から購入してよかったと思っています。

質問10
「あなたはこの商品をご両親にすすめますか？」

自分がいい商品だと思ってないのに他人にすすめようとすると、どうしても無理が出ます。言葉でごまかすことはできるかもしれませんが、心は嘘をつけないものです。

「あなたはこの商品をご両親にすすめますか？」と聞いてみて、相手の表情に変化がないか見てみましょう。

この質問に対する相手の生のリアクションも確認したいので、電話やＺｏｏｍではなく、対面でお話しするタイミングで聞くのがいいと思います。

私が20代の頃、証券会社に勤めていた知人がこんなことを言っていました。

「この商品、本当にすすめていいのかな、って思いながら売ってるんだよね……。ノルマがあるから、商品の内容をわからないお客さんに強引にすすめてる……」

今の証券会社はこのようなことはないと思いますが、この人の場合、自分自身がいい商品だと思わないものをお客さんにすすめていたのです。仕事なので仕方ないかもしれませんが、強引にすすめられて買った人はかわいそうです。

証券会社のノルマは、買う側には全く関係がないことですし、手数料が高い商品も多いでしょうから、何も知らない顧客は高い手数料を払っておすすめできない商品を購入することになります。私なら、その商品を売っている人が、本心から売りたいものかどうか事前に確認したいと考えます。

そこで、「あなたはこの商品をご両親にすすめますか？」という質問です。

本心から売りたいものであれば躊躇《ちゅうちょ》なく「はい、もちろんです」と答えると思いますが、少しでも迷いがあれば間が空いたり、口ごもったりするはずです。

友人や知人だと売ることができるかもしれませんが、両親となるとなかなか嘘をつけるものではありません。少しでも疑問に思ったら、この質問を投げかけてみると効果的です。

第6章

年利10%超もねらえる「ずぼら長期投資」10選

投資にはリスクがあることを事前に知っておくことが重要

これからいくつかの投資商品について説明しますが、投資にはリスクがつきものです。投資する際にはこの点を十分に理解し納得した上で、自己責任で行うことになります。

投資商品は購入時よりも価格が下がることがあり、場合によっては元本割れや商品価値そのものが毀損《きそん》することが起こりえます。失敗事例で書きましたが、個別株などはまさにそうです。

このようなリスクをどうしても避けたいなら、リスクがゼロの元本保証の投資商品を選ぶしかありませんが、残念ながら、私はそのような投資商品を知りません。銀行の預金や定期預金なら安心と言われるかもしれませんが、破綻リスクやインフレリスクがあります。

まず、破綻リスクです。

金融庁のウェブサイトを見ると、銀行や信用金庫などは預金保険制度に加入しており、万が一破綻した場合、この制度により1000万円までとその利息が保護されます。10

00万円を超える部分は、破綻した金融機関の残余財産の状況に応じて支払われるため、元本保証されません。

これまでも北海道拓殖銀行や日本長期信用銀行のような大手銀行も経営破綻していますし、信用金庫と信用組合に至っては2001年以降だけでも50以上が破綻しています。

そもそも、銀行預金のように低金利なのに元本保証がない商品を選ぶよりは、多少のリスクはあっても利回りが高い商品を選ぶのがいいと私は考えています。

さらに、通貨、株、不動産、実物資産など、複数の相関性のない投資商品に分散投資することで、リスクヘッジが実現できると考えています。

次に、インフレリスクです。

円預金しか持たないことは、円通貨に全投資しているのと同じ意味ですが、物価が上がるインフレ局面では通貨の価値が下がります。防衛策はただただインフレに耐えることですが、私はそんな生活をしたくないので、多少のリスクを取ってでも投資をしてインフレ対策する道を選びます。

本書で紹介するずぼら長期投資の多くは海外の商品なので、基本的に外貨での支払いを求められます。円安のタイミングで投資すると投資額が高くなるので、普段からドル、ポンド、ユーロなどの通貨を持っておくことで、支払い時の為替の影響を軽減できます。

ただし、外貨預金はペイオフ（金融機関が破綻した際に、預金保険機構が保険金を預金者に直接支払う制度）の対象外なので、信託保全のあるFXで外貨を保有することも検討していいと思います。

これから、私が実践している投資も含め、年利10％超もねらえる「ずぼら長期投資」を10種類紹介しますが、どの投資にも必ずリスクが伴います。商品選びは納得できるまで行い、最終的な投資判断はご自身で慎重に行ってください。

これから説明する商品概要やメリット・デメリットなどは、あくまで私個人の評価によるものです。

なお、「アンティークコイン」「ウイスキーカスク」「アメリカ不動産土地開発」「イギリス不動産投資」の4つの投資先についての説明が他よりも長くなってしまっているのは、私が実際に行っている投資だという事情によるものです。特に強くすすめたいという意図はありませんので、その点はご留意ください。

投資先1
「アンティークコイン投資」1995年以降右肩上がり

「そもそも、アンティークコインって投資商品なの？」という疑問を持つ方も多いと思います。私自身もアンティークコインの存在を知ったとき、「ただのコインじゃないの？偽物も多そうだし、素人が下手に手を出したら偽物をつかまされるんじゃないかな」と不安に思いました。

しかし、アンティークコインはれっきとした投資商品で、価格も安定的に上昇を続けています。アンティークコインというのは100年以上前に製造されたコインの総称で、古くは古代ローマから中世の時代につくられたものを指すことが多いです。

第1章でも触れましたが、中でも有名なものが1839年に発行された「ウナとライオン」です。ヴィクトリア女王の即位を記念して発行されたのですが、2023年10月のオークションにおいて約2億7450万円で落札されました。落札されたコインは1839年に400枚だけ発行されたもので、世界最高鑑定品です。

ウナとライオンは、復刻版が2019年に発行されており、本節の最後で説明するように価格が6カ月で約5倍と急激に上がったケースもあります。ここまで価格が上がることには疑問がありますが、ウナとライオンの人気の高さを象徴しています。

アンティークコインが、投資商品として有望であることを示すデータがあります。

アンティークコイン、金、不動産、株式などの価格推移を定点観測し数値化していたイギリスのスタンレー・ギボンズ社の調査によると、１９９５年から２０１５年の間、金・不動産・株式は乱高下していますが、アンティークコインは安定して上昇しています。この間、リーマンショックがあったことは周知の通りですが、全く関係ないような値動きです。

また、ＫＦＬＩＩを見ても、アンティークコインの価格は２００９年から２０１９年の10年間で１７５％上昇しています。

では、アンティークコインの将来性はどうでしょうか？

これについては、私がコインを探すときに参考にしたコインライブラリー・プリンシパルのウェブサイトに、次のような理由で期待できることが書かれており、私も全く同感です。

①価格が安定している

株や仮想通貨などは日々価格が上下し、時には乱高下と表現される価格の大幅な変動が起こりえます。一方のアンティークコインは、短期的に大きな値上がりが期待できるものではないですが、価格が安定していることから値崩れが起きることが考えにくい資産です。

なぜなら、アンティークコインは一定の希少価値を持っており、世界中にコレクターがいることから需要があるため、価値が安定しやすいからです。また実物資産のためインフレに強く、資産防衛の手段としても期待できます。

②減ることはあっても増えることはない

アンティークコインは、減ることはあっても増えることはない性質を持っています。なぜなら、アンティークコインは過去に発行されたコインであるため、新たに発行されて増えることはないからです。このため、時を重ねるごとに希少性が高まり価値の成長が期待できます。長期保有によって価値の成長が期待できる性質は、長期の資産運用との相性もいいです。

③市場は右肩上がり

前述のスタンレー・ギボンズの調査にあるように、不動産や株に比べて短期的には成長が低いこともありますが、長期的に見るとアンティークコインの方が成長率が高く、基本的には右肩上がりで成長していることがわかります。

これらのデータに基づいた長期を前提とする資産運用であれば、株、不動産などの伝統的な資産に投資をするよりも、アンティークコインに投資した方が安定性が高く、高い成長が期待できます。

それではアンティークコインの価格を決める要素は何でしょうか。

こちらについては、『最強のアンティーク・コイン投資』（田中徹郎著、日本実業出版社、2019年）を一部引用するなどして説明します。この本は、私がコイン投資をするかしないか決める際に参考にしたものです。

●コインの状態

未使用品、準未使用品、極美品、美品、などといったランク分けは昔から行われており、この順に状態がよく高い価格をつけてきました。近年は海外の鑑定会社による鑑定によりグレードが決まります。

●残存枚数

古代や中世のコインは発行枚数の記録が残っていないことが多いのですが、近代以降になると鋳造枚数の記録が残っているケースが増えてきます。

例えば1817年、イギリスでジョージ3世の統治下で発行された「クラウン銀貨」(通称「スリー・グレイセス」)は、通常の貨幣でなく贈呈用で、50~100枚ほどしかつくられませんでした。この程度の発行枚数だと、驚くほどの値がつきます。未使用状態のものであれば、1500万円ほどの値がつきます。

●デザイン

古代ローマ時代のカエサル(シーザー)が描かれた「アウレウス」と呼ばれる金貨があります。カエサルは共和制ローマの末期に出た政治家・軍人で、誰もが知る英雄です。ローマ帝国は、カエサルの養子であり初代皇帝でもあるアウグストゥス以降も、この「アウレウス」をつくり続けます。

帝政ローマ時代では初期のコインに人気があり、アウグストゥスのアウレウスは極美品クラスでも２００万～３００万円ほどの値がつきます。その後の皇帝統治時代のものになると比較的多く残されていて、同クラスのコインでも１００万円前後で買うことができます。

●発行した国の豊かさ

一般的にコインの収集家は、まず自国のコインから集める傾向にあります。なので、アメリカやヨーロッパ諸国など豊かな国では、それだけ多くのマネーがコイン市場に入り込みやすいと言えます。

アンティークコイン投資の場合、価格もそうですが、それ以上にコインが本物なのか偽物なのかがわからない、ということが気になると思います。この対策はとてもシンプルで、鑑定済みのコインを購入する、ということになります。

鑑定を行う会社として「ＮＧＣ」と「ＰＣＧＳ」が有名で、世界二大鑑定機関と呼ばれます。鑑定はコインの真贋《しんがん》だけではなく、コインのグレード判定も行います。グレードというのは見た目の状態のことで、コインの価値を大きく左右します。

コインのグレードは70段階あり、それに補足的な情報を示すアルファベットが併記されます。例えば、「MS70」などのように表示され、これは「流通用コインとして鋳造されたもので完全未使用・汚れや傷がない」という意味になります。下表は先ほどのコインライブラリー・プリンシパルのウェブサイトに掲載されている説明になりますので、参考にしてください。

これだけ読むと、「鑑定済みコインでグレードが高いものであれば何でもいいのではないか」と思われるかもしれませんが、すべてのコインが同じように価格上昇するわけではないので、値上がりが予想されるコインの選定が重要になります。

コインのグレードだけでなく、「過去の売買実績」「デザインされた人物がどのよ

コインのグレード

アルファベット表記	内容
MS（Mint State）	流通用のコインとして鋳造
PF（Proof）	コレクター用に作られたコイン
SP（Specimen）	MS・PFに該当しない特殊なコイン

数字表記	内容
70	完全未使用・汚れや傷がない
69	限りなく完全未使用に近い
68	非常にわずかなシミやくすみがある
67	いくつかのシミやくすみがある
66	くすみがあっても図柄が鮮明
65	図柄の鑑賞性に影響するシミなどがある
64	図柄にわずかな傷がある
63	図柄にいくつかの傷がある
62	使用した形跡はないがシミや傷がある
61	使用した形跡はないがシミや傷が目立つ
60	使用した形跡はないが大きなシミや傷がある

うな人なのかを知ること」などが必要になります。わからないときは、専門業者に相談するのがいいと思います。

NGC、PCGSの鑑定済みコインを買うことが重要なのですが、鑑定済みだからすべて安心かと言うと、実は1つ注意しないといけないことがあります。

前出の『アンティーク・コイン投資解体新書』によると、「紀元前600年〜400年くらいの古代ローマや古代エジプト、古代ギリシャで作られていたコイン」を「古代コイン」と呼びますが、古代コインの鑑定はNGCしか行っていません。なので、古代コインを買おうと思ってPCGSのスラブに入ったコインを見つけたら、それは偽物なので注意が必要です。

アンティークコインは扱っている専門業者がたくさんあり、それぞれに得意分野や経験値が異なると思いますので、いろんな方々に話を聞いてみて自分なりに考える材料を増やしてください。

コインによっては価格が急激に上がりすぎるものがあるので、高値掴みをしないことも重要です。

例えば、2019年発行の「ウナとライオン」の5オンス金貨の中には、わずか6カ月で約5倍に（200万円程度からおよそ1000万円に）なったものもあります。いくらコインが値上がりするものとは言え、この価格上昇は異常で、今後も同じようなペースで価格上昇することは難しいと、私は思います。

最後に、アンティークコイン投資のメリットとデメリットをまとめます。

メリット

- 金や銀など貴金属としての価値があるので無価値になることが考えにくい
- 買って保有するだけなので手間がかからない
- コイン発行枚数が限られているので、将来的に希少価値がつく可能性がある

デメリット

- 人気のあるコインはなかなか手に入れにくい
- 人気のないコインは値下がりする可能性がある
- 自分で持っている場合、盗難や火災などで紛失する恐れがある

投資先
2

「ウイスキーカスク投資」リターンとロマンをねらおう

第1章でもウイスキーカスク投資について触れましたが、ここでは広くスコッチウイスキーについて説明します。

スコッチウイスキーは世界的にも有名で引き合いも多く、人気が高いことから高値がつきやすい状況です。このため、ウイスキーカスク投資も高いリターンをねらうことが可能で、ＫＦＬＩＩを見ると、レアウイスキーは２０２３年までの10年間で３２２％成長しています。

まず、スコッチウイスキーの定義ですが、イギリスの法律で細かく定められています。

①スコットランドの蒸留所で製造（糖化、発酵、蒸留）されていること

糖化、発酵、蒸留はウイスキーの製造工程ですが、これをすべてスコットランド国内で行わなければなりません。

②原料は大麦麦芽（モルト）などの穀物、水、酵母のみを使用すること

スコットランドに限らず、どの国のウイスキーも基本的には大麦麦芽やトウモロコシなどの穀物、水、酵母を使ってアルコール発酵させています。

③アルコール度数94・8％以下で蒸留すること

ちなみに、ジャパニーズウイスキーは95％以下となっています。

④容量700リットル以下のオーク樽に詰めること

⑤スコットランド国内の保税倉庫で3年以上熟成させること

保税倉庫はイギリス歳入庁により厳密に監視されているウイスキーカスクの非課税の保管場所のことで、そこに3年以上保管されている必要があります。

⑥瓶詰め時アルコール濃度が40％以上であること

スコッチの多くはアルコール濃度63・5％前後で樽詰め熟成されます。熟成期間の間に水分やアルコールが揮発することでアルコール濃度が下がりますが、これが40％を下回らないように管理が必要です。定期的にアルコール度数や内容量を確認する作業を「リゲージ」と言います。

⑦添加物は水とカラメルのみであること

アルコール濃度調整のための水と、色の調整のためのカラメル以外の添加物は入れられません。

次に、スコッチウイスキーがつくられている地域とリターンについてです。スコッチウイスキーがつくられている地域は、左図のように6つに分けられ、各地域に有名なウイスキーが存在します。そのうちのいくつかの銘柄をあげると次のようになります。

- **ハイランド（スコットランドの北側）：**グレンモーレンジィ、オールドプルトニー
- **ローランド（スコットランドの南側）：**オーヘントッシャン
- **スペイサイド（ハイランド北部のスペイ川に沿った地域）：**マッカラン、グレンリベット、グレンフィディック

●キャンベルタウン（ハイランドの南西部の一部地域）：スプリングバンク

●アイランズ（スコットランド北西部の島々）：タリスカー、ハイランドパーク

●アイラ（スコットランド西部にある島）：ボウモア、ラフロイグ、ブナハーブン、ストイーシャ、ブルックラディ、アードベッグ、カリラ

地域ごとの成長率ですが、ブレバンウイスキーの年間報告書（2022 End of year Whisky Cask Market Report）によると、2022年の年間成長率が最も高かった地域はアイラで、なんと年16・34％でした。次がアイランズの年13・54％、キャンベル

スコッチウイスキーがつくられている地域

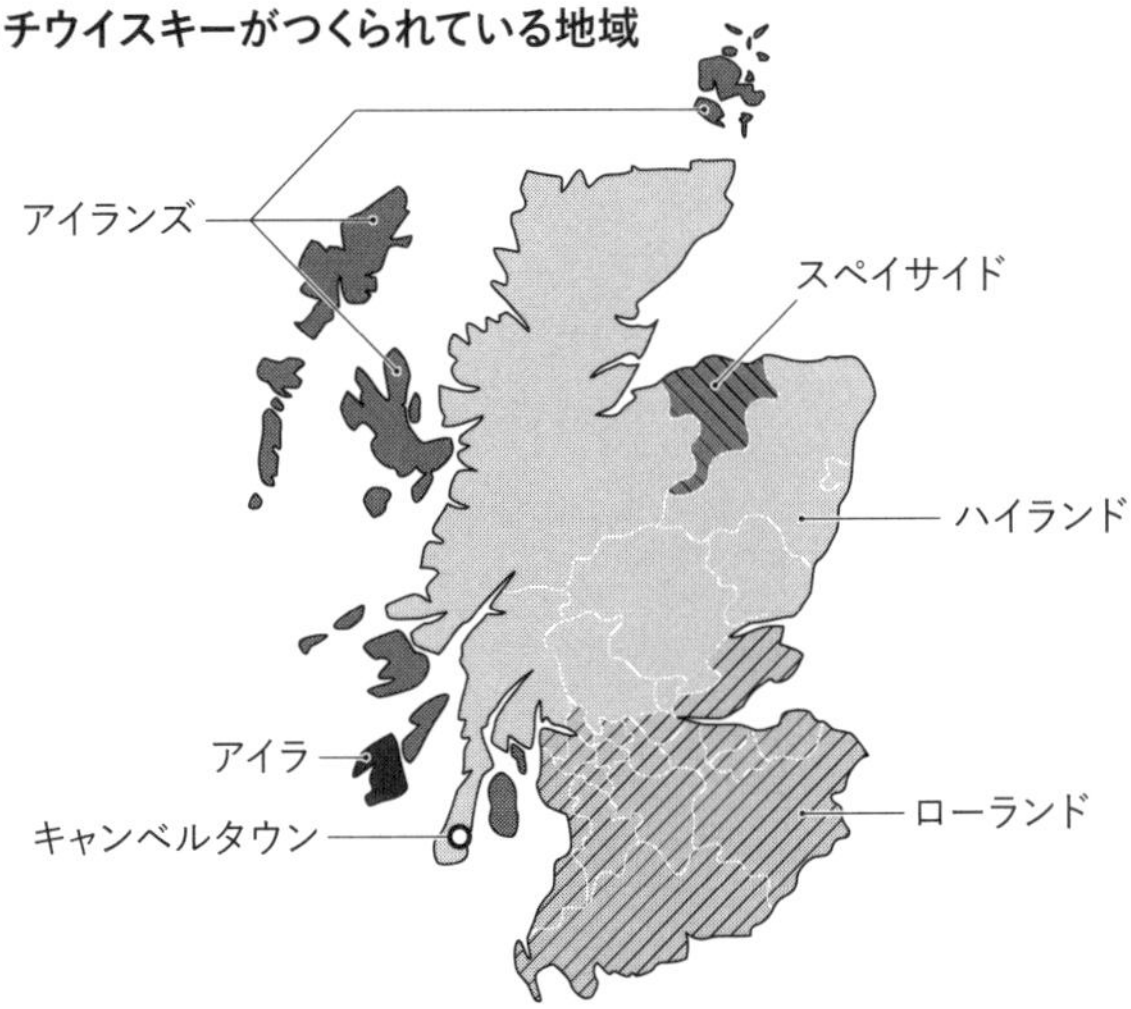

タウンの年12・99％と続きます。

地域をさらに細分化し、銘柄ごとの成長率を高い順に並べると次のようになります。カッコ内が地域名です。

- ラフロイグ（アイラ）：年18・75％
- ストイーシャ（アイラ）：年17・74％
- ブナハーブン（アイラ）：年17・57％

このように上位をアイラが占めており、最も高いラフロイグは年18％を超えています。他の地域についても記載すると、マッカラン（スペイサイド）は年14・02％、スプリングバンク（キャンベルタウン）は年12・15％です。

アイラの大きな特徴の1つが、モルトを乾燥させるときに使うピート（泥炭）の香りで、初めて飲む人にとっては鼻につくにおいが強烈で、「正露丸」「消毒液」といったにおいに例えられます。

私も初めてボウモアを飲んだとき、「こんな臭いもの、もう飲めないよ」と思ったのですが、その後ピート臭のないウイスキーを飲むと、何だか物足りなさを感じてしまうので、これが本当に不思議です。同様の経験談はよく聞きますし、このように癖になるところが、アイラの人気を引き上げている要因かもしれません。

アイラだけでなく他の地域にもそれぞれに特徴がありますし、マッカランのように誰でも知っているブランドであれば、今後も成長し続けることが期待できます。成長率の順位変動は今後もあると思いますので、自分好みの地域や銘柄を探して購入するのも楽しみの1つでしょう。

投資用に販売されているカスクは、次のウェブサイトなどで検索できます。

- 「Whisky Cask Investment」 https://cask-investment.com

地域別に探すこともできますが、樽詰めされてからの年数（熟成期間）でも検索可能です。熟成度ごとに5段階に分かれていて、熟成期間が長いものほど投資額も高額になる傾向にあります。

●ニューメイク（熟成期間が3年未満）：売却時期まで15年くらい
●エマージング（熟成期間が3〜10年未満）：売却時期まで15年くらい
●インターミディエイト（熟成期間が10〜20年未満）：売却時期まで10年くらい
●プレミアム（熟成期間が20〜30年未満）：売却時期まで5年くらい
●ブルーチップ（熟成期間が30年以上）：売却時期まで5年くらい

販売されているウイスキーカスクを検索した結果例です（2024年5月現在、手数料は除く）。

・ニューメイク（ハイランド、タリバーディン蒸留所、1カ月）：1753ポンド
・ブルーチップ（スペイサイド、グレンリベット蒸留所、54年）：400万ポンド

1ポンドを197円（2024年5月）で計算すると、ニューメイクカスクが約35万円、ブルーチップカスクが約8億円となります。8億円のカスクをポンと買える人は少ないと思いますが、ニューメイクであれば35万円くらいで購入可能ですので、投資対象として検

討可能ではないかと思います。

第4章でも説明しましたが、ウイスキーカスクを購入した後の注意点として、カスク保管中の火災や盗難があります。まず、カスクの保管ですが、イギリス国内の樽保管会社が所有・管理する保税倉庫で保管されます。火災については1875年にあったそうですが、それ以降は一度も起きていませんし、盗難については、過去一度も報告はありません。

だからと言って今後起きないとは言い切れませんが、損害保険の対象になるので、同等の価値程度のウイスキーカスクとの交換や、損害保険金の支払いがあるので安心です。

また、前出の通り、スコッチウイスキーの瓶詰め時アルコール濃度は40%以上と定められているため、カスク内のアルコール濃度が下がってしまうと、スコッチウイスキーとして売れなくなってしまいますので、定期的にリゲージを行ってもらいチェックするのが無難です。

最後に、ウイスキーカスク投資のメリットとデメリットです。

メリット

- 実物資産として無価値になることが考えにくい
- 購入後は保管庫で適正に保管されるので、所有者に手間がかからない
- 年数経過とともに付加価値がついていき価格が上がる傾向にある

デメリット

- 将来的にウイスキー人気が下がると価格が下がる可能性がある
- お酒を飲まない人にとっては興味が持てず愛着がわかない可能性がある
- 自分で保管できないので、手元に持っておきたい人にとっては物足りない

投資先3

「アメリカ不動産土地開発投資」広大なアメリカの土地開発

アメリカをメインに未開発の土地を購入し、土地開発を行い売却するビジネスに出資する投資です。将来的に人口増加が見込めそうな地域の未開発地を購入し、不動産用の宅地として整備し住宅メーカーに販売することで、年10％以上の高利回りをねらいます。「ランドバンキング」とも呼ばれる手法です。

人口が増えると必要になるのが住宅で、住宅を建てるためには土地が必要です。国連の「世界人口推計2022」（中位推計）によると、アメリカの人口は2050年には約3億7500万人（2000年比で約1・34倍）になります。

米国国立衛生統計センター（NCHS）の調査結果によると、2022年の合計特殊出生率（15～49歳までの女性の年齢別出生率を合計したもの）は1・67で、人口維持に必要と言われている2・06には及びませんが、移民の流入によって人口が増加しています。

アメリカの住宅価格の水準を示す指数に「ケース・シラー住宅価格指数」がありますが、2023年はインフレ対策として金利が上昇したにもかかわらず、ケースシラー指数は上昇傾向にあり、住宅需要が大きいことを示しています。

このように、人口増加と住宅需要の増加から、アメリカでは今後住宅を建てるために必要な土地の需要も増えることが予測されており、アメリカ不動産土地開発は有望な投資先の1つと考えられます。

私は不動産投資を避けていますが、理由は第1章で説明したようにローンを背負っている心理的負担と、手離れが悪く手間がかかるからです。不動産は節税やレバレッジ効果により大きな資産を築くことが可能だと思っていますが、手離れがよくキャッシュで対応できるアンティークコインやウイスキーカスクを選びます。

アメリカ不動産土地開発投資は、これまで自分が知っていた不動産投資と異なっていたので興味を持ちました。未開発の土地を宅地として開発し、住宅メーカーに売却して完結するので、私の求めている「手離れのいい商品」に合致していたからです。

また、数千万円のローンを組む必要がないし、何よりも10％以上と利回りがいいことがメリットです。土地開発にあたり、その土地が数年後に宅地として需要があるかどうかの調査は入念に行っており、投資商品として過去40年以上の歴史があることも重要な要素でした。

もちろん、「せっかく開発した土地が売却できない」「想定よりも安い価格でしか売れない」「予定した時期に売却できない」といったリスクもあります。

しかし、アメリカは人口増加が予測される国なので、時間をかければ売却できる可能性は高いですし、多少安くなったとしても、ワンルーム投資よりは高い利回りが期待できます。

このような理由から私はアメリカ不動産土地開発に投資することを決めました。予想リターンは年14％を超える高いものとなっています。また、あくまでも未開発の土地の開発のための投資なので、自分自身が不動産を所有したり登記したりする必要もなく手間がかかりません。まさにずぼらな私にもってこいの投資商品です。

2026年にはアメリカ、カナダ、メキシコの3カ国共催のサッカー・ワールドカップが開催されます。これに伴い、道路やスタジアムの整備だけでなく、住宅地もさらなる開発が行われていくことでしょう。

これからしばらくは、アメリカの動向から目が離せません。

最後に、アメリカ不動産投資のメリット、デメリットについてまとめます。

メリット

- 先進国なので経済が安定している
- 先進国でありながら出生率が高く、人口増加による住宅需要が見込める
- 土地が豊富にあるので開発の余地がある

デメリット

- 開拓した土地が予定通りに売却できないことがありうる
- 米国での納税に関する手続きが必要
- 投資額が最低でも数万ドル以上と比較的高額

投資先4
「イギリス不動産投資」人口増加で住宅需要が旺盛

アメリカの次は、イギリスです。

グレーターロンドンと呼ばれる、イギリスおよびイングランドの首都ロンドンの行政区画を構成するエリアの不動産に投資することで、高い利回りをねらいます。

『LIFE MONEY SENSE』(工藤将太郎著、サンライズパブリッシング、2022年)によると、「新しく建てられた高級住宅に対し、1部屋単位で投資家に販売するというスキーム」です。

特徴的なのが、得られるお金が「建物全体の入居率」で左右される点です。一般的な不動産投資は、自分の所有する不動産が空室だと収入はゼロですが、このイギリスの不動産投資では、すべての部屋の合計賃料を投資家で按分《あんぶん》するので、空室だったとしても一定のお金が入ってくる仕組みです。

ただし、最初の5年は利回りが確定しているので、この期間内は建物全体の空室率が変動しても投資家の収入は変わらず、空室が出たとしても賃料保証があります。

また、解約には多少時間がかかりますが、基本的にはいつでも解約可能だという点もいいと思います。

ちなみに、『ＬＩＦＥ　ＭＯＮＥＹ　ＳＥＮＳＥ』には実際に投資した方の話も書かれていますが、その方は私と同じように国内不動産には興味を持たず、米国と英国の不動産で運用しているそうです。


現在はアメリカが覇権国家ですが、その前はイギリスが覇権国家でした。産業革命で経済的に世界をリードし、繁栄を極めました。

今ではニュースになることも少ないですが、それでも世界的に重要な国の１つであることには変わりありません。話題の多くは王室に関わるものだったりしますが、アンティークコインの「ウナとライオン」が象徴するように、王室の存在が国民を１つにしていると考えられています。

イギリスは今後も人口増加が見込める国の１つで、それに伴う住宅のニーズが比較的多い傾向にあります。国連の「世界人口推計２０２２」（中位推計）によると、イギリスの人口は２０５５年（約７１８０万人）がピークで、まだしばらくは人口増加していきますので、住宅需要が高まり価格上昇が期待されます。

私が英国不動産投資を決めた理由は、次の3つです。

①ローンを組まずに手持ちの現金で投資できること

ローンを組んでの不動産投資とは異なり、自分が持っている範囲の現金で投資ができたので、自分の投資志向に合っていると判断しました。

②人口減少局面にある日本と違い2055年前後まで人口増加が期待できること

日本は少子化が進んでおり、2016年に100万人を割り込んだ出生数は、2019年に90万人割れ、2022年には80万人割れと、わずか6年で20万人以上減少しています。

③円やドル以外の通貨としてハードカレンシー（国際決済通貨）の1つであるポンドを持てること

繰り返しになりますが、円だけで預金していることは円に全資産を投資しているのと同じことで、円が価値を下げると自分の資産がすべて価値を下げることになります。これを避けるために、ドルやポンドといった通貨に分散投資しリスクヘッジしようと考えました。ドルもポンドもハードカレンシーなので、いざとなったら他国通貨との交換が可能です。

最後に、英国不動産投資のメリットとデメリットです。

メリット

- 人口増加による住宅需要の増加が見込めるので高利回りが期待できる
- 投資対象が不動産なので、価値がゼロになることが考えにくい
- 円以外の通貨での投資によるリスクヘッジができる

デメリット

- ローンが組めないので現金が必要
- 海外送金が必要なので手間がかかる

投資先5
「腕時計投資」海外富裕層に人気で1本1000万円超も

ナイトフランクの調査結果によると、腕時計、ワイン、レアウイスキーが、シンガポールの富裕層の間で投資対象として非常に熱いと言われています。腕時計は2022年の調査では年成長率が18％、2012年から2022年の10年間では147％の成長率となっています。

私は時計に関しては正確な時間がわかればいいと思っているので、見た目や価格にはあまり興味がありません。

しかし、『ひとり社長になっていきなり年収650万円にする方法』（松尾昭仁著、自由国民社、2022年）には、金のロレックスをつけることで仕事の依頼を得るという話が書かれています。一説によると、高級腕時計をつけることで交渉時に値踏みされにくくなるという話もあり、人によっては普段と交渉時でつける時計を変えているそうです。

時間がわかればいいと言っている私も、実は他人がつけている腕時計に目をやることがあり、しっかりしている人はいい時計をつける傾向にあると感じています。自分が身につけているものへの気遣いができるかどうかで、将来を大きく変えるかもしれません。100万円程度の出費で新しいビジネスが取れるなら、安いものだとも言えます。

では、どのような腕時計が投資として有望なのかを見てみましょう。

高級腕時計というと、ロレックス、オメガ、カルティエ、ブルガリ、オーデマ・ピゲ、といった有名ブランドの名前が出るかと思います。私は個人的には国内メーカーの時計が好きなので、海外メーカーには疎く、ロレックス以外ほとんど知りません。なので、正直なところそれぞれの価値にも詳しくありません。

中古の高級腕時計に関して調べてみると、パテック・フィリップのノーチラス、オーデマ・ピゲのロイヤルオーク、ロレックスのデイトナが過去5年間で売り上げを独占しており、これらが流通市場を牽引《けんいん》しています。

それぞれ相場推移を見てみましょう。

- パテック・フィリップ（ノーチラス）：450万円程度（2017年）↓800万円程度（2020年）

・オーデマ・ピゲ（ロイヤルオーク）：400万円程度（2020年）→950万円程度（2022年）
・ロレックス（デイトナ）：200万円程度（2016年）→500万円程度（2022年）

貴金属やブランド品など様々な商品の買い取りサービスを展開する「買取大吉」の鑑定士・木村健一氏によると、資産価値の高い時計の条件として、「生産数が少ない」「ブランド自体の人気が高い」「機械式時計である」の3つがあげられるそうです。

機械式が人気の理由ですが、数年に一度のオーバーホールと言われるメンテナンスが必要ではあるものの、メンテナンスを怠らなければ半永久的に使えます。また、小さな部品の組み合わせでできており、美術的要素があることも価格が落ちにくい理由とされます。

例えば、パテック・フィリップは、自社製品であれば永久修理を保証していますので、親から子へ、子から孫へと代々受け継いで行ける資産です。

「腕時計投資.com新聞」によると、ロレックスのエアキング126900は、2023年4月の時点で124万5000円だったものが、半年後の10月に137万5000円で取引されているそうです。半年で13万円アップとなり、10％以上値上がりしています。

最後に、腕時計投資のメリットとデメリットです。

メリット

- 持っていることで豊かな気持ちになる
- 有名ブランドであれば、将来的に価格が上がる可能性がある
- 持ち主の見栄えがよくなる

デメリット

- 他人が身につけた中古品を身につけることの抵抗感
- 適正価格がよくわからない
- 機械式時計はぜんまいをまかないといけないので手間がかかる

投資先6
「宝石投資」世界的に希少なアーガイル産ピンクダイヤモンド

ＫＦＬＩＩを見ると、２０２１年時点での宝石の年成長率は２％、２０１１年から２０２１年の10年間で57％の成長率となっています。

宝石の投資対象としてのメリットは、資産価値が安定していることにあるとされます。希少価値の高い宝石は長い時間をかけても価値が変わらずに、むしろ上がるケースもしばしばあるようです。

資産価値の高い宝石として、ピンクダイヤモンド、モンタナサファイア、グランディディエライト、デマントイドガーネットなどがあげられます。

宝石はいろいろな種類があり、指輪や工業製品に使われたりして需要があります。一方で、技術的、政治的な理由から採掘が難しいものがあったり、様々な事情で価格が大きく変動したりすることがあるようですので、注意が必要です。

また、宝石は人工的につくったもの（合成ダイヤモンドなど）や、人工処理を施したものもあることにも、注意が必要です。鑑定書がついた宝石を正規ルートから購入するのが無難だと思います。

宝石の中で私が特に注目しているのがピンクダイヤモンドで、非常に興味深い宝石だと思います。特にオーストラリアのアーガイル鉱山で採れたピンクダイヤモンドには、これから要注目です。なぜなら、これから先アーガイル鉱山のピンクダイヤモンドが新たに出てくることがないからです。

ピンクダイヤモンドの世界シェア90％を誇るアーガイル鉱山が、２０２０年に閉山したことにより、ピンクダイヤモンドの希少性が高くなっています。他の鉱山のものは発色が弱いのですが、アーガイル鉱山のものは非常に美しく世界的に有名でした。このため、アーガイル産ピンクダイヤモンドの価格は下がりにくいと考えられます。

また、アーガイル鉱山で採れたピンクダイヤモンドには産地証明書付きの鑑定書がついており、ピンクダイヤモンドに刻印されたシリアルナンバーと紐づけされます。これにより安心して購入できることも、アーガイル産ピンクダイヤモンドの価値を上げていると言えます。

身近な人が指輪やネックレスなどの装飾品を一切つけないので、私は今のところ宝石に投資することはないと思います。

しかし、ピンクダイヤモンドの実物を見たときには、他のものでは表現できない美しさがあり、多くの人がほしがるであろうことが想像できました。

最後に、宝石投資のメリット、デメリットをまとめます。

メリット

- 価値が安定している
- 可能性が広がる
- 実物資産としての価値がある
- 楽しみが増える
- 実用性がある
- 流動性が高い
- 持ち運びが容易

デメリット

- 価格が高いので買いにくい
- 保管のコストがかかる
- 価格変動が大きく売買タイミングが難しい
- 販売手数料がかかる
- 販売に時間がかかることがある

投資先7 「ワイン投資」古い歴史があり世界的に人気

私はほとんど飲みませんが、ワインを愛飲する方は非常に多いと思います。

ヨーロッパでは、ワインは投資商品として400年以上の歴史があり、フランスでは、銀行で融資を受ける際にワインの資産価値が担保として認められ、相続税がかからないなどの利点があるので、資産運用の1つとして投資が行われています。

では、リターンの観点からはどうでしょうか。

第1章でも少し触れましたが、前出のナイトフランクの調査結果によると、ワインはシンガポールの富裕層に人気の実物資産の1つです。KFLIIは2022年の年成長率が10%、2012年から2022年の10年成長率が162%となっています。

ワイン投資を日本で始める場合、次の2種類があります。

①市場に出ているワインを買う
②プリムール（ワインの先物買い）

ワイン投資は、安いものであれば10万円以下くらいからできるようですので、手が届きやすい投資先だと思います。ただし、ワインは非常にデリケートで、保管状態が悪いと商品価値が落ちてしまいますので、購入・保管・売却をまとめて引き受けてくれる業者（インポーター）を活用するのが一般的です。

プリムール（premiere）にはフランス語で「新しい」という意味があり、樽熟成中のワインの一部を先行販売するフランスのボルドーワイン独自の仕組みのことです。商品として市場に出回る前のワインを通常よりも安い価格で購入できる可能性がありますが、より目利きが求められる難易度の高い投資とも言えそうです。

ここで、少しワインの歴史に触れてみたいと思います。

1855年のパリ万博にあたり、フランスのボルドー地方にある数千のシャトー（ワインのつくり手）の中のメドック地区を対象に、シャトーの格付けが行われました。これがメドック格付けと呼ばれるもので、第1級から第5級に格付けされています。

現在、「5大シャトー」と呼ばれ、第1級に格付けされるシャトーは、次の通りです。

①シャトー・ラフィット・ロートシルト
②シャトー・マルゴー
③シャトー・ラトゥール
④シャトー・オー・ブリオン
⑤シャトー・ムートン・ロートシルト

1855年の格付け時にはムートンは第2級でした。それから100年以上の時を経て、1973年に第1級になり5大シャトーが出そろいましたが、この話の裏には、実はお家騒動がありました。

ロートシルトというのは、ロスチャイルドのドイツ語読みで、フランス語ではロッチルドになります。

ロスチャイルドと言えば、18世紀末、ドイツのフランクフルトにいたユダヤ人商人であるマイヤー・アムシェル・ロスチャイルドが有名です。①の「ラフィット」と⑤の「ムートン」はともに、この一族に縁のあるシャトーになります。

マイヤーの甥にあたるナサニエルが、のちに「シャトー・ムートン・ロートシルト」と改名する「シャトー・ブラーヌ・ムートン」を購入したのが1853年。

一方、「シャトー・ラフィット・ロートシルト」となる前の「シャトー・ラフィット」が、第1級に格付けされたのが1855年。このシャトーを、マイヤーの五男ジェームズが1868年に競売で落札し、「シャトー・ラフィット・ロートシルト」に改名しました。

両者はライバル関係にあり、ムートンも第1級への昇級を画策しますが、ラフィットの嫌がらせもあり、長らく第2級のままでした。ナサニエルの曾孫フィリップによるムートンの昇級への働きかけがようやく実り、第1級となれたのは1973年のことです。これで、5大シャトーがそろいました。

最後に、ワイン投資のメリットとデメリットをまとめます。

メリット

- 世界的に愛飲家がいるので需要が安定している
- 現物としてのワインがあるので、無価値になることが考えにくい
- 時間経過とともに希少価値が増していく可能性がある

デメリット

- 時間経過とともに価値が増すため短期投資には向かない
- 適正に管理する必要がある（温度、湿度、直射日光など）
- 天候によりワインの出来が変わるので、売買タイミングが難しい

投資先8 「クラシックカー投資」マニアにはたまらない魅力

ＫＦＬＩＩを見ると、クラシックカーの２０２２年の年成長率が12％、２０１２年から２０２２年までの10年間の成長率が１６５％です。

クラシックカー投資というと、日本ではあまり聞いたことがないかもしれませんが、ヨーロッパではワインや絵画などと並ぶ人気の実物資産で、投資手法が確立されています。富裕層をターゲットに一定の需要が見込めることから、価格が下がりづらいためです。

クラシックカー投資のメリットですが、そもそも実物資産としての価値があるということです。生産は終わっており、現在ある台数以上に増えることはないので、需要が減ることが想定しにくいのであれば、資産価値が毀損することは考えにくいと思います。

富裕層などの一定の需要が見込めることから、あまり景気変動の影響を受けないこともあげられると思います。また、クルマ好きの方なら、自分の趣味も兼ねて投資ができるのは魅力かもしれません。

ただし、所有に際し、保管場所や維持費（税金、保険、メンテナンス費用など）が必要なので、投資以外にも考えることがあります。

実際の売買価格を見ると、次のようになります（2022年の最高値での取引、1ポンド＝182円で計算）。

- メルセデスベンツ（300SLR Uhlenhaut・1955年製）：1億1500万ポンド（約210億円）
- タルボラーゴ（T150-C-SS・1937年製）：1010万ポンド（約18億円）
- メルセデスベンツ（300SL Aluminum Gullwing・1955年製）：510万ポンド（約9億円）
- フェラーリ（LaFerrari Aperta・2017年製）：440万ポンド（約8億円）
- フェラーリ（F50・1996年製）：340万ポンド（約6億円）

いくら価格上昇が期待できるとは言え、価格が高すぎて普通の人はなかなか手出しできない価格帯です。

一方で、もしかしたら手が出せるかもしれないくらいの価格帯のクラシックカーもあります。

例えば、アルファロメオのSZ－1は、生産台数が少ないためか5000万円前後で安定的に取引されており、日産フェアレディは2・4リッターエンジンのトップグレード240ZGが1000万円以上で取引されています。

フェアレディZは見た目がかっこよく、現行型を普段乗りとして検討したことがあるのですが、どうしてもクルマが必要な状況ではないため、結局購入に至りませんでした。もし自宅にガレージがあり長期保有ができる環境があったなら、投資としてフェアレディZのクラシックカーを持つ選択肢はあってもいいかと思います。

もちろん、ガレージがあっても保管に手間がかかりますし、自動車税などの諸費用もかかるので、ある程度の固定費の出費は必要になります。

最後に、クラシックカー投資のメリットとデメリットです。

メリット

- 実物資産として価値がある
- クルマが好きな人にとっては、趣味と実益を兼ねる
- 景気動向に左右されにくい

デメリット

- 盗難、破損のリスクがある
- 保管の手間、費用や保管場所の確保が必要
- 壊れると無価値になる可能性がある

投資先 9

「アート投資」前澤友作氏のおかげで一躍話題に

ＫＦＬＩＩを見ると、アートは２０２２年から２０２３年までの1年間で30％の上昇を示しており、２０１３年から２０２３年の10年間で１０９％成長というところから考えると、人気が急上昇していることがわかります。

アート作品は一度評価されると評価が下がりにくいと言われており、さらに時間の経過とともに価値が上がっていく傾向にあるようです。量産品と違って数が少なく希少性が高いこともあり、益々価格は下がりにくいということでしょう。

ＺＯＺＯの社長だった前澤友作氏は、アートの収集家としても有名です。自身がアートコレクションを本格的に始めて2～3年後に、アートやデザインを広く観てもらいたい、アーティスト活動を支援したい、ということから現代芸術振興財団を設立したそうです。

前澤氏は国際宇宙ステーションに1枚のアートを持ち込んだことでも有名ですが、その1枚のアートのおかげで、無味乾燥な空間に安心感や豊かさが生まれたと評価されています。

そんな前澤氏は2016年に米国人作家のバスキアの作品を約62億円で落札しましたが、それを2022年に売りに出し、約110億円で落札されました。およそ1・5倍の値段がついていますが、果たしてこの額になると適正なのかそうでないのか、私には全くわかりません。ただ言えることは、途方もない額でのやり取りが行われたということです。

近年ではアジアでの取引額の増加が目立ち、2022年のサザビーズのアジアでのオークション売上高は11億ドルとなっており、40代以下のコレクターも増加しているようです。アジアにおいては、他地域に比べて平均入札額が4割ほど上回っているということです。

前出の『LIFE MONEY SENSE』には、「アート商品というのは『価値が高い』という以上に、集めたり持っていたりするだけでも楽しく、コレクター心を刺激する『一挙両得型投資』といえるかもしれません」とあります。「日本ではここ最近、アートに対する投資熱が加速してい」るとのことで、次のような理由により今後もさらに勢いが増すとの予想が書かれていました。

①世界的に見ると、日本のアート市場はまだまだ非常に小さいこと
②文化庁がアート市場活性化を通じて「文化芸術立国」の実現を目指していること

私はアートに対する知見が全くないので判断しようがないのですが、自分が知らないからこそ興味を持っています。

ウイスキーカスクも初めは全く興味がなかったのですが、自分が投資してみるといい投資商品だと思えたし、ウイスキーそのものに興味を持てたことも大きかったので、同じことがアートでもできるといいと考えています。きっと人生の幅が広がると思います。

ただし、いくら投資商品として魅力があっても数十億円なんていきなり出せる人はまずいません。そこで、お手頃な価格のアートについて調べてみると、10万円くらいから購入可能なものもあるようです。

最後に、アート投資のメリットとデメリットです。

メリット

- 将来的に価値が高くなる可能性がある

・絵を持つことで心が豊かになる

デメリット

・見た目と値段が合っているのか多くの人にはわかりにくい
・保管の手間がかかる（温度、湿度など）

投資先
10

「コンテナ温室投資」食料やサプリとしてのしいたけ栽培

この投資はしいたけ栽培への投資で、投資家はコンテナを購入し、それを栽培と販売を行う運営会社に貸し出します。

運営会社がオーナーから借りたコンテナを使ってしいたけの栽培と販売を行い、この利益を投資家に還元することで、年間10％以上の利回りをねらいます。

コンテナ温室投資の特徴は、「しいたけ栽培であること」「コンテナを使うこと」になります。しいたけは比較的安定価格で取引されており、大きな価格下落のリスクはほとんどありません。そのままでも食べられますが、出汁をとったりもするので和食には欠かせませんし、サプリメントや化粧品にも使われており、「shiitake」として世界的に有名です。

コンテナを使って栽培することで、自然災害の影響を受けにくく、安定生産が期待できます。

今後日本でも食料生産が課題になってくると思いますが、その中でもこのような生産方法が確立されてくれば、ほかの食料品にも応用が可能かもしれません。

そのような意味でも、この投資方法が軌道に乗ってくることが望ましいという思いもあるので、非常に興味深く見ています。

投資者は購入したコンテナをしいたけ栽培と販売をする会社に貸与し、賃料を20年間受け取ることになります。実質利回りは約10・11％とのことです。

コンテナは1基1000万円超しますが、1口100万円からできる小口投資もあるようです。こちらを活用すれば、利回りは下がりますが、少額から投資ができます。

最後に、コンテナ投資のメリットとデメリットです。

メリット

- 質の高いしいたけを多く栽培できる
- 外気の影響を受けず、場所を選ばない
- 災害の影響を受けにくい

デメリット

- コンテナ投資の場合、投資額1000万円以上と高額
- 小口投資では手数料がかかるので、年10％の利回りより低くなる

投資先 10＋1
「軍用地投資」安定的にリターンを得ながら国を守る

本章の最後に、利回りこそ2％前後と他の投資に比べて低いものの、ローリスク・ミドルリターンと言えそうな、ユニークな投資先を紹介します。

軍用地への投資により、2％前後の利回りをローリスクで取りに行く投資です。軍用地とは米軍が日本国内で基地として使用している土地のことで、その70％が沖縄県に集中しています。

『お金持ちだけが知っている！軍用地投資入門』（仲里桂一著、自由国民社、2021年）によると、軍用地投資は「不動産投資と金融商品の良いとこ取りができる」のが、最大のメリットだそうです。この本に書かれていることを基に、メリットを整理してみます。

まず、不動産としての側面です。

一般的な不動産投資は、安定性と収益性のよさがメリットである一方、空室リスクといったデメリットがあります。これを軍用地にあてはめると、借主が日本政府である以上、安定的に収益が得られることはほぼ間違いありません。

さらに、空室リスクについても、日本政府は日米安全保障条約に基づき、米軍に軍用地を提供しているため、「来月賃貸契約終了し、土地を返します」ということは、まずありえません。万が一返却されるとしても、その数年前から連絡があるので、返却後の計画を立てる時間が十分にあります。


次に、金融商品としての側面です。

軍用地は家賃に相当する軍用地料が年々上昇しているので、成長が期待できます。

また、ほかの不動産に比べて流動性が高く、嘉手納飛行場のような人気物件が売りに出されると、数分で買い手がつくほどだそうです。一般的な不動産では場合によっては半年、1年とかかってしまうことを考えると、軍用地の流動性の高さは魅力です。

一般的な不動産投資はミドルリスク・ミドルリターンとなりますが、軍用地投資はローリスク・ミドルリターンと言っていいと思います。


ほかの投資商品と同様に、軍用地も短期間で大きく儲《もう》けるスキームではないので、長期的に成長による利回りを享受しながら、ほったらかしておくことが重要です。

とにかく人気商品で、市場に出ると1日待っている間に買い手がついてしまうそうです。
事前に念入りな市場調査を行った上で資金計画を立てておき、物件が出たとわかったらすぐに契約できるような機動力を持っておくことが大切だと思います。

最後に、軍用地投資のメリットとデメリットです。

メリット

- 政治が安定している限り将来にわたって安定的に収入を得られる
- 手間がかからない

デメリット

- 人気が高くいい物件がすぐになくなってしまう
- 投資額が数百万円以上と高額

おわりに――投資は家族の未来を明るくしてくれる

「はじめに」にも書きましたが、私は学生時代に背負った奨学金という名の借金を返済するのに苦労しました。

最近では大学生のほぼ2人に1人が奨学金を借りており、アディーレ未来創造基金の調査によると、卒業後約44％の人は結婚に前向きになれず、3人に1人は資格取得や転職を躊躇《ちゅうちょ》していると言います。

家庭の事情で貸与が必要なケースも多いかもしれませんが、返済を考えた上で借りないと後々苦労します。

第4章に出てきたA氏のように、貸与を強要する人たちは何の責任も負ってくれませんので、無責任としか言いようがありません。

子供たちが大学を卒業した後は、自分で稼いで生計を立てることになります。

稼げるようになることが重要なのは言うまでもないのですが、子供たちにとってはそれだけでは不十分で、投資による資産形成が不可欠だと思っています。
というのも、今後日本は少子高齢化が進行し、国民負担率が右肩上がりで増えていく一方だからです。

財務省の発表によると、令和6年度（2024年度）の国民負担率（租税負担および社会保障負担を合わせた義務的な公的負担の国民所得に対する比率）は45・1％になる見通しです。

今後少子化と高齢化が同時に進行する日本では、さらに負担率を上げないと国を維持できないでしょう。

高齢者割合は年々増えていき、厚生労働省の推計では、2040年には全人口の35％が65歳以上になる見込みです。

こうなると、さらなる負担増は免れません。

確実に人口減少し、給料の半分以上を税金や社会保障費として負担するような国で、子供たちはお金の心配をせずに生活できるでしょうか？

私は明確に「Ｎｏ」だと思います。ですので、子供たちは給料を稼ぐことにプラスして、お金の増やし方を知っておく必要があるのです。

では、どのようにして教えたらいいのでしょうか？

みなさんはお子さんたちとお金のことについて話したりしますか？

私と同年代の50代の人たちは、人前でお金のことを話すのは卑しいという空気感の中で育ってきたのではないでしょうか。もしかしたら、家族や親しい友人との間でさえもお金の話をすることはほとんどないのではないでしょうか。まして、投資の話をすることは、悪いことをしているような、何か後ろめたさを感じるくらいのことだったかもしれません。

お金の話はタブーという中で、投資の話をするのはハードルが高いでしょうし、子供たちも何となく投資は危ないもの、不要なものという考えを持っているかもしれません。

私は、自分の経験を素直に話すことが最も重要だと思っています。

お金の話だからと躊躇せず、これまで自身が経験した成功や失敗を素直に話す姿勢が大切だと思います。人間は自分の身近な人が経験していれば、それまで高いと思っていたハードルを低く感じることができ、リアリティ（現実性）を感じることができるからです。

私は小学5年からサッカーを始めました。

当時の子供たちはジーコやマラドーナに憧れ、サッカーの強豪と言ったらヨーロッパか南米と相場が決まっていました。日本はワールドカップに出場したことすらなく、自分が生きている間、出場はかなわないだろうと思っていました。

そんな時代に、海外でプレーすると本気で考えた子供たちは周囲にいませんでした。

時は流れ、1998年のフランス大会に初出場してから、2002年の自国開催を経て、日本はワールドカップに連続出場を果たしています。もはや、今の子供たちにとって日本は強豪国の1つであり、海外でプレーし、日の丸を背負って戦いたいというのはごく普通のことになりました。

この違いは、自分の身近に具体化している人がいることで、リアリティを感じるかどうかです。

私が小さい頃は、サッカーで生計を立てている日本人も、海外でプレーする日本人もほとんどいなかったので、そこに自分が行けるという道筋が立てられませんでした。

しかし、今は日本代表の選手の多くが海外でプレーし、トップリーグの1つであるプレミアリーグでも日本人が活躍しています。多くのプロ選手たちが活躍する現実を目の当たりにすれば、将来自分も同じ道を進めるというリアリティが持てます。

大学に行く親族がいれば自分も行けるのではないかと思えるし、大きな会社で働いている大人を見れば、将来自分もそこで働けるのではないかと思えるものです。田舎で暮らしていると大学を出た人や大企業で働く人がいないから、自分がそこに行くという想像ができないのだと、私は経験上思います。

自分がお金に対してどう向き合っているのかを子供たちに素直に見せて話すことは、子供たちにリアリティを持たせる近道だと思います。

もし自分の周りで誰も投資をしていなかったら、投資に対する心理的ハードルは非常に高いですが、自分の親が投資をしていると知ったら、投資そのもののハードルは低くなります。さらに、成功や失敗について話をすれば、どんな投資をすれば高確率で成功できるのかを考えることもできるようになると思います。

私は、定期的に子供たちに自分がどんな投資先にどれくらい投資しているかを説明しています。

なぜその商品に投資したのか、どれくらいのリターンとリスクがあるのか、実際に投資した結果を数値で見せる、ということを素直にやることで、子供たちにとって投資へのハードルは確実に下がっているはずです。

子供たちが将来投資をするかどうかもわかりませんし、投資したとしても必勝法などありませんので、損失を出すかもしれません。どのような人生を選択するかはわかりませんが、他人から言われたことを鵜呑《うの》みにするのではなく、自分で徹底的に調べ、良し悪しを自分の頭で判断した上で、自己責任でやってほしいと思います。

投資を自分の人生に加えることで、「稼ぐ」以外に「増やす」という選択肢が加わり、生活にゆとりを与えてくれるものと信じています。

お金にゆとりが出れば、あくせくせずに生活することが可能になり、心に余裕ができ選択肢が多い豊かな生活を送ることが可能になります。そんな将来をつくるために、私はこれからも投資を大いに活用していきたいと思います。

2024年5月

松田二朗

松田二朗（まつだ・じろう）―――― 著者略歴

1971年生まれのサラリーマン投資家。国立大学の大学院を修了後、技術者として勤続25年以上。高校1年から大学院修了までの9年間、日本育英会（現：独立行政法人日本学生支援機構）から奨学金を借り続け、最終的な借入総額は600万円を超えた。奨学金を全額返済した30代半ばから貯蓄を始める。もともと投資に対して臆病で否定的だったが、40代後半からは本格的に投資も行うようになり、5年で資産を倍増させることに成功。現在は、NISA（少額投資非課税制度）を活用した投資信託だけでなく、アンティークコイン、ウイスキーカスクなど、いかにも怪しいと言われそうなマニアックな商品にも投資している。当面の目標は、資産を1億円にまで増やし、富裕層の仲間入りをすること。

臆病《おくびょう》なサラリーマンが見《み》つけた！
5年《ねん》で資産《しさん》を倍《ばい》にする「ずぼら長期投資《ちょうきとうし》」

2024年6月30日 第1刷発行

著　者　松田二朗
発行者　宇都宮健太朗
発行所　朝日新聞出版
〒104-8011 東京都中央区築地5-3-2
電　話　03-5541-8814（編集）03-5540-7793（販売）
印刷所　大日本印刷株式会社

Published in Japan by Asahi Shimbun Publications Inc.
ISBN978-4-02-332366-7